無駄な仕事が全部消える超効率ハック

羽田康祐
k_bird

最小限の力で
最大の成果を生み出す57のスイッチ

フォレスト出版

まえがき

「仕事の段取りを進めるときに、何からどう手を付けていいか、わからなくなることがある」
「他人に振り回されて、疲弊してしまうことが多い」
「仕事をこなすことはできるけど、優秀な人と比べると何かが足りない気がする」
「一生懸命がんばっているのに、サービス残業をしないと仕事が片付かない」
「目の前の仕事で手いっぱいで、部下や後輩のフォローがしきれなくなっている」

もしかしたら、あなたはこのような状況に陥って、疲れ果ててはいないでしょうか？

求められるのは「努力しなくてもすむ工夫」

日本人には「努力することは良いこと」とする素晴らしい文化が存在します。
真面目で誠実な人であればあるほど「自分にはがんばりが足りない」「あるだけの時間を使ってでも、ちゃんとした仕事をしよう」と考えがちです。このこと自体は、素晴らしい心構えだと思います。

しかし一方で、生産性の向上や働き方改革が叫ばれ、ワークライフバランスやメンタルヘルス、あるいは子育てのことを考えると、**「生産性の低さを努力でカバーする」ことは許されない時代**になっています。

もはや「うまくいかなかったのは、努力が足りなかったからだ」「時間を使えば、なんとかなる」では乗り切れないのです。

今、多くのビジネスパーソンに求められているのは、**「努力をすること」以上に「努力をしなくてもすむ工夫」**です。

2020年の新型コロナ騒動により、多くの企業でリモートワークが広がりましたが、これを機会に自分の頭の中にあるスイッチを**「仕事の量」から「仕事の質」へと転換しなければならない**のです。

面倒くさがりほど生産性が高い理由

筆者はこれまで、外資系コンサルティングファームと広告代理店の両方でキャリアを積んできました。外資系コンサルティングファームでは合理的に物事を進める方法を学び、広告代理店ではプランナーやクリエイターなど、多様な人材とプロジェクトを進める方法を学んできました。

本書では、この両方から得られた学びをギュッと凝縮した「超効率ハック」を57個、用意しています。

「効率」や「生産性」と聞くと、急(せ)き立てられるような窮屈さをイメージしてしまい、「面倒くさがりの自分には向かない」と考えてしまいがちですが、それは大きな誤解です。

筆者の同僚に中野くんという「超」が付くほどの面倒くさがりがいますが、**「面倒くさいこと」が大嫌いだからこそ、それをモチベーションに「無駄な作業」をなくす工夫をし、生産性を高めています**。このように「面倒くさい」という気持ちこそが、生産性向上の武器になるのです。

しかし、「面倒くさい作業」を減らすために「身を削るような努力をする」のは本末転倒です。

あなたがやるべきことは、「懸命に歯を食いしばってがんばる」ことではなく、「頭のスイッチを切り替える」だけ。

一つひとつ、頭のスイッチを切り替えて実践していけば、まわりの見る目も、評価も変わってくるでしょう。そして何より、これまでよりも短い時間で高い成果が出せるようになるはずです。

本書の想定読者と特長

本書の内容を最大限に活かしていただけると想定している読者は、次の通りです。

① 仕事の遅さや残業の多さに悩む若手ビジネスパーソン
② 現場と管理の両方に忙殺されているプレイングマネージャー
③ 子どものお迎えの時間までに仕事を終えたいワーキングマザー
④ 会社の上層部から働き方改革を迫られている中間管理職
⑤ 社会人として仕事のイロハを学んでおきたい新人社員・就活生

また、本書は忙しい読者のために、5つの特長が出るように工夫をしています。

特長1：「思考法」や「発想法」を紹介

仕事の生産性を下げる原因の多くは、実は「段取りの悪さ」

以上に「良い案が思い浮かばず立ち往生してしまうこと」ではないでしょうか？

どんなに段取りがうまくても、そもそも「良い案」が思い浮かばなければ段取りを始めることができず、仕事の生産性を落としてしまいます。

特にリモートワーク時代になると、１人の裁量に任される範囲が広がるので、個人個人の「思考する力」や「発想する力」は、より重要性を増していくでしょう。

したがって本書では、短時間で良い案を出すための「思考法」や「発想法」を紹介しています。

特長2：さまざまな仕事術を網羅

巷では「学び術」「時間術」「段取り術」「コミュニケーション術」「資料作成術」「会議術」など、それぞれの仕事術に特化してまとめられた、素晴らしい書籍が数多く存在します。

しかし、それらすべてを身につけようとすると複数の書籍を購入せざるをえず、膨大な時間とかなりの書籍代がかかってしまいます。

一方、本書はそれぞれの仕事術の「本当に重要な勘所」を凝縮したうえで網羅的に解説しているので、本書の内容を押さえておくだけで幅広い範囲の仕事の生産性向上に役立てることができます。

特長3：順番を気にせずに読める

本書は最初から順番に読んでいただいても、興味のあるところから読んでいただいても問題ないように、各項目を数ページごとに独立させています。

全部を読む時間がなくても、「自分が課題を感じている部分」や「自分の部下に足りていない部分」だけをまずはピックアップして、優先順位をつけて読むことができます。

特長4：各項目をブログ感覚で読める

項目を細かく細分化することで、1つの項目当たり1500～3000字程度、約5分間で読めるように工夫しているので「通勤電車の中」や「会議前の5分間」など、スキマ時間にブログ感覚で1項目を読むことができます。

特長5：部下を持つ管理職にも役立ててもらえる

あなたが部下や後輩を指導する立場なら、日々生産性向上のために「○○したほうが良い」というアドバイスをしているはずです。

しかし、時間に追われているのは現場だけでなく管理職も同様であり、丁寧に教えている余裕はありません。また、リモートワーク時代にはメールやチャットのコミュニケーションが増えますが、文章中心のコミュニケーションは「結論のみの指導」になりがちで、「なぜ、そうしたほうがいいのか？」という理由の説明は抜け落ちがちです。

しかし、人は「やるべきこと」を理解したとしても「なぜ、それをやるべきなのか？」に対する腹落ち感がなければ、主体的に動こうとはしない生き物です。

本書では「やるべきこと」だけでなく、「なぜ、やるべきなのか？」も含めて解説しているので、部下や後輩からの「なぜ？」の回答として、ぜひ役立てていただければと思います。

*

本書に書かれている内容は、新しいと思えることもあれば、すでに知っていることもあると思います。

新しいと思える方法についてはぜひ身につけていただき、すでに知っている方法については、自分が実行できているかどうかを確認するスキルチェック用として活用していただければと思います。

改めて一つひとつ「実践できているか？」と問われると、できていないことが３～４割ぐらいはあるのではないでしょうか。

また、「知っている」と「できている」の差は大きく、「できている」と「毎回できている」の差も大きいものです。

ぜひ、**本書をあなたの職場やデスクに置いてチェックリストとして活用いただき、1つでも多くの方法を試していただければと思います。**

すでに述べたように、本書では全部で57個の「超効率化ハック」を紹介しています。

1カ月の営業日を20日とすると、毎日1個ずつ実践した場合、約3カ月で一通り実践し終える計算になります。

3カ月後に振り返り、「できていない」と感じる項目は、繰り返し実践してみてください。

1年後には、あなたの仕事の生産性は、大きく変わっているはずです。

Blow away
all useless work
Super efficiency
hacks
57 switches for
maximizing results with minimal effort

無駄な仕事が全部消える

超効率ハック

もくじ

第2章

『段取り』の生産性を上げる

第3章
「コミュニケーション」の生産性を上げる

第4章
「資料作成」の生産性を上げる

第5章

『会議』の生産性を上げる

第6章

『学び』の生産性を上げる

第7章
『思考』の生産性を上げる

第8章

『発想』の生産性を上げる

装丁・河村誠／図版作成・富永三紗子／DTP・フォレスト出版編集部

hack

第1章 『時間』の生産性を上げる

hack 01

受動的な時間→主体的な時間

自分でコントロールできる時間を増やす

☹時間に追われて、気がつけば毎日が過ぎ去っていく。
☹お金のために、時間を切り売りしている気がする。

上記のような悩みを抱えているのであれば、まずは**「時間」は「お金」よりも貴重な財産である**ことに気づく必要があります。

「お金」は、たとえ失ったとしても後から取り戻すことができますが、「時間」は誰もが平等に一方的に減っていくだけなので後から取り戻すことができません。

「時間」はあなたの人生にとって最も貴重な資源であり、**「時間に追われている状態」や「時間を切り売りしている状態」とは、人生そのものを削り取られている状態と同じ**です。

逆を言えば、「限りある時間を充実させる」ということは、「限りある人生を充実させる」こととイコールなのです。

本書の読者の多くは、1日の大半の時間を仕事に費やしているビジネスパーソンのはず。自分の職業人生を充実した時間で満たしたいなら、**できるだけ「他人に振り回される時間」を減らし、「自分でコントロールできる主体的な時間」を増やさな**

ければなりません。そのためのポイントが次の２つです。

Contents

ポイント 1：一つひとつの仕事に当事者意識を持つ

ポイント 2：他人と比べない

ポイント 1：一つひとつの仕事に当事者意識を持つ

「時間に追われる」と感じる原因の１つが、当事者意識の足りなさにあります。言われたことしかできない「受け身の姿勢」や「指示待ち」の状態というのは、結果、他人に振り回されるという精神的な負担を感じるものです。

一方、当事者意識を持つことができれば、「他人事（ひとごと）の仕事」が「自分事の仕事」に変わります。すると「なぜ、このような問題が生じているのか？」「どう解決すればいいのか？」など、自然と「自分の頭で考える習慣」が身につき、「考える力」が鍛えられていきます。そして、周囲に対して自信を持って自分の考えを伝えられるようになり、自分でコントロールできる主体的な時間が増えるのです（図 01）。

このように、**当事者意識は「受動的な自分」を「主体的な自分」に変えてくれる**のです。

上司から与えられた仕事に対して、当事者意識を持つことは難しいと感じるかもしれません。しかし、「自分でコントロールできる」というメリットがあることに気づけば、当事者意識を持たない理由はないはずです。

図01　当事者意識の好循環

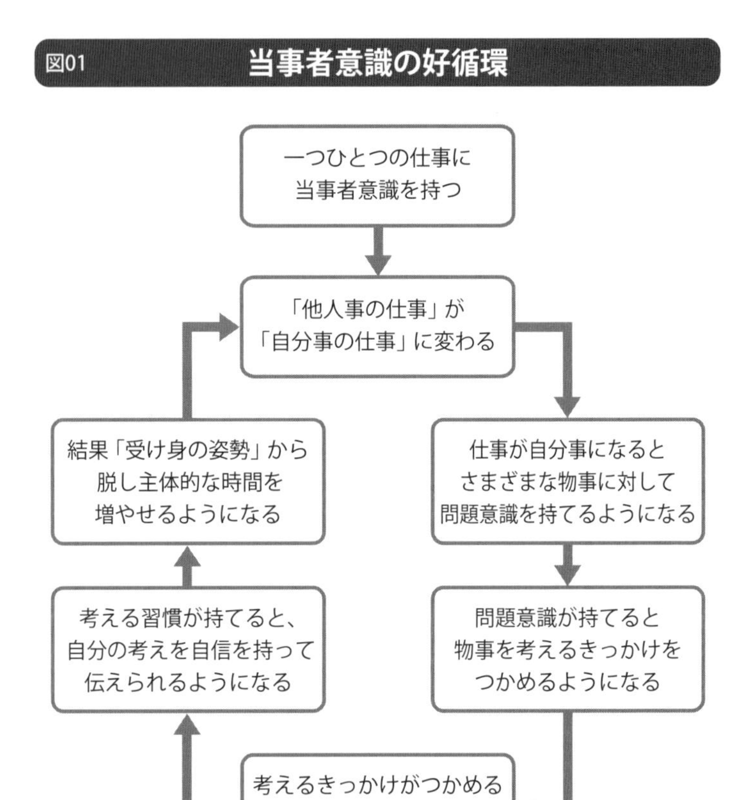

●ポイント２：他人と比べない

自分と他人を比べてしまう人は、その時間が**「他人に振り回されている時間」である**ことに気づく必要があります。

他人と比べて「優秀か」「成果を出しているか」「高い地位にいるか」という比較は、上には上がいる以上、常に「自分は負けている」「自分は劣っている」という負の感情で時間を満たします。これは、頭の中で「限りある時間を他人に奪われている状態」であり、とてももったいないことです。

自分と何かを比べるのであれば、ぜひ「昨日の自分」と比べるようにしましょう。たとえば次の通りです。

昨日の自分と比べて、

- 今日の自分は何がわかるようになったか？
- 今日の自分は何ができるようになったか？
- 今日の自分は何を変えることができたか？

こうすれば、頭の中まで他人に振り回されることなく、常に成長実感を持て、自分でコントロールできる主体的な時間を増やすことができるようになります。

hack 01 のまとめ

◎「時間」は最も貴重な資源。

◎ 一つひとつの仕事に当事者意識を持てれば、主体的な時間を増やすことができる。

◎「他人と比べる」より「昨日の自分と比べる」ことができれば、他人に振り回されずにすむ。

hack 02 他人都合→自分都合

主導権を握って対応する

😣 電話やメールに邪魔されて、やろうと思っていたことがはかどらない。
😣 他人の都合に巻き込まれて、自分の時間が奪われてしまう。

「速くメールを打つ」「速く入力する」など、「さばく速度を速くする」時短術があります。しかし、仕事の生産性を下げる最も大きな要因は、「動作の遅さ」というよりは「他人の都合に巻き込まれてしまう」ことです。

いったん他人の都合に巻き込まれてしまうと、そこから自分のペースに戻すのは簡単なことではありません。よって、これらをうまく避けるためには、**先手を打って「自分都合」で仕事を進めてしまうことが重要**です。

ただし誤解してほしくないのは、ここでいう「自分都合」とは、「自分の都合を相手に押し付ける」ことではありません。あくまで**自分の都合を起点に先手を打ちながら「相手とのWin-Win」を形づくる工夫をする**ことです。

ここでは、比較的「自分都合」を取り入れやすい「メール返信」と「アポイント設定」を例にして解説していきましょう。

自己都合のメール返信

まず１つ目は「メール返信」です。

仕事術の本で「メールは即レスすべき」と書かれているのを読んだことがあるかもしれません。しかし、メールの返信をした後、「あれ？　さっきまで何を考えていたんだっけ？」と頭がリセットされてしまったという経験はありませんか？

ある調査によれば、人はいったん集中を切らすと、再び集中した状態に戻るのに23分必要になるそうです。また、ビジネスパーソンは１日平均10回、メールを確認するそうなので、「即レス」した場合、集中力が途切れてしまう時間は単純計算で約3.8時間にも及びます。

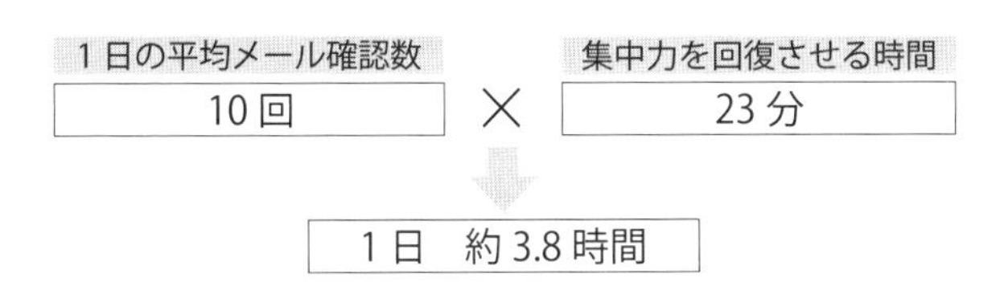

一方、**1日のメール確認回数を3回に減らせば、集中力が途切れる時間を約1.2時間に減らすことができます。**

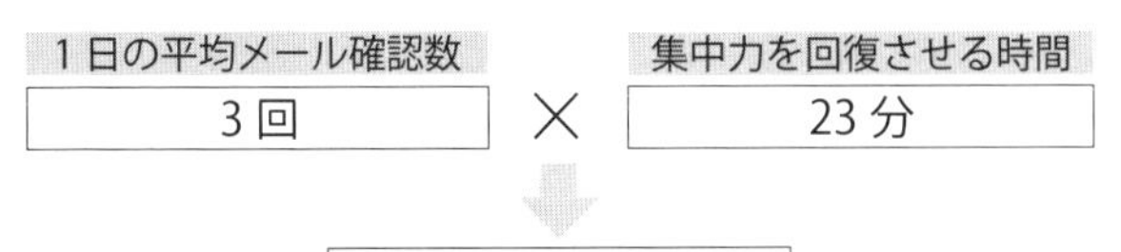

この方法だとメールの即レスはできませんが、筆者は相手に迷惑をかけたことはありません。なぜなら本当に即レスが必要な用件なら、相手はメールではなく電話で連絡をしてくるからです。相手がメールを使っている時点で、その用事は時間に余裕があるものなので「自分都合」で十分なのです。

自己都合のアポイント設定

誰かとアポイントを取ったり、会議の日時設定をする際に「いつがよろしいですか」「いつが空いていますか」などと、相手の都合をお伺いするメールを送ってはいないでしょうか？

しかし、**相手都合でアポイント設定をしようとするとメールのラリーが長くなり、かえってお互いの生産性を落としてしまいます**。最悪の場合、次のような状態になります。

会議の日時は、いつがよろしいでしょうか？

それでは、10月5日の13時からでは、いかがですか？

あいにくその日時は埋まっていまして……。その他の日時を頂けますでしょうか？

そうですか……。それでは10月6日の16時ではいかがでしょうか？

えーと……。
その日もあいにく……（汗）

これを「自分都合」に変えると、次のようにラリーが少なくてすみます。

会議の日時は

①10月5日13時～
②10月6日16時～
③10月7日13時～

のいずれかで、いかがでしょうか？　いずれも難しければ2～3個ほど、日時の候補を頂けないでしょうか？

③の10月7日13時～なら大丈夫なので、よろしくお願いします。

相手側にとっても「ラリーが続くたびに、その都度自分の予定を確認する」より、「もらった選択肢の中から選ぶ」ほうが楽なため、「相手とのWin-Win」を形づくることができます。

hack 02 のまとめ

◎ 他人の都合に巻き込まれると、生産性は下がる。

◎ 自分都合で「相手とのWin-Win」をつくれば、時間を効率化できる。

上手に断ることで仕事量を減らす

☹ 自分の仕事ではないとわかっていても、頼み事を断れない。
☹ その結果、仕事を抱えすぎてサービス残業が当たり前に。

「断れないタイプ」は、責任感が強かったり、性格的に優しい人が多いように見受けられます。人から頼られるとついうれしくなってしまうのは、当然のことでしょう。

しかし、無理に作業をこなしたとしても、仕事を抱えすぎると質が下がったり、納期遅延やミスにつながって、良かれと思って引き受けたはずなのに、相手に迷惑をかけてしまうこともあるでしょう。

したがって、**自分にとっても相手にとっても、時に必要なのが「断るスキル」**です。ごり押ししてくる相手をうまく断るには、以下の５つのステップをたどるのが有効です。

Contents

ステップ 1：誠実に話を聞く
ステップ 2：事情を説明する

ステップ3：代替案を示す
ステップ4：条件交渉をする
ステップ5：強く断る

ステップ1：誠実に話を聞く

話を聞く前に断ってしまうのは、相手からすると納得感がありません。

また**「断る」のは最終手段であって、理想的なのは「自分が引き受ける以外の方法を見つけ出すこと」**ですから、その糸口を探すためにも、まずは誠実に話を聞くことが必要です。

ステップ2：事情を説明する

続いて「引き受けられない事情」を説明します。

このときに役に立つのが、**今携わっている作業の「計画」「作業量」「締切り」を相手に示す**ことです。相手から見てあなたの業務量がわからないと「そうはいっても、できるでしょ？」というあらぬ期待を生み、ごり押しされてしまいます。

しかし「計画」「作業量」「締切り」を示すことができれば、あなたの業務量を客観的に説明し、納得してもらいやすくなります。

その際には「引き受けてしまうと今の業務の進捗が滞り、○○さんに大きな迷惑を掛けてしまう」と、個人名を出しながら業務量を伝えてみてください。相手からすれば、「誰かに迷惑がかかる」ことがリアルに理解できれば、たいていの場合引き下がってくれます。

ステップ３：代替案を示す

それでも「なんとか、頼むよ」と引き下がってくれない場合には、たとえば次のように「代替案」を示してください。

> 今、自分が引き受けるのは難しいです。でもこの分野は○○さんが詳しいから、○○さんに相談してみるのはどうですか？

ここまでくれば、相手も「あなたに引き受けてもらうのは難しそうだ」と感じているので、**代替案を選んでくれるかもしれません。**

ステップ４：条件交渉をする

それでも難しい場合は条件交渉に移ります。

この段階に至ったら「自分が引き受ける」ことを前提に、次のような条件交渉をしてみてください。

時期の交渉：今はできないが、1週間後なら着手できる
範囲の交渉：○○までを別の人にやってもらえれば、△△からはできる
レベルの交渉：資料はつくれないが、メールでの箇条書きぐらいはできる
役割の交渉：手は動かせないが、アドバイザーならできる

この段階に至るということは、相手にとっては「どうしてもあなたでなければいけない」何らかの事情があるはずです。いわば**あなたは交渉するうえで強い立場にいる**のですから、今の業務量をにらみながら、無理なく引き受けられる「時期」「範囲」「レベル」「役割」を交渉してみてください。

それでも相手が「今すぐ」「全部」ごり押ししてきた場合、相手はあなたのことを「便利な道具」、あるいは「パシリ」としか見ていない可能性があります。なぜなら、どんなに説明を尽くしても、「あなたの忙しさ」や「あなたのつらさ」を思いやる気持ちが微塵(みじん)も見られないからです。

しかし、このような自分の**「嫌われたくない気持ち」**や**「優**

柔不断さ」が、相手に対して「強く言えば引き受けてくれる」「ごり押しすればやってくれる」などの期待をつくっていることも反省しなければなりません。

ステップ５：強く断る

ステップ４に至ってもなお、相手が引き下がらない場合には、強く断りましょう。

重要なので繰り返しますが「時間」はあなたにとって貴重な資源であり、自分で主体的に優先順位を決めなければ、あなたの人生は「他人に支配される人生」のまま続くことになってしまいます。

hack 03 のまとめ

◎ 他人に振り回される人生は、他人に支配される人生と同じ。

◎「断るスキル」を身につければ「主体的な人生」を生きることができる。

無駄に悩まないためにルールに従って決める

☹ 周囲がさまざまな意見を言うので決められない。
☹ どれか１つに、決められない。

何か新しいことを始めるときに、なかなか決めることができずに悩んでしまうのは、よくあることだと思います。しかし、**「悩んでいる状態」が長く続いてしまうと、そこで段取りがストップし、全体の生産性を大きく落としてしまいます。**

ありがちなのが、「間違った判断」を恐れるがあまり、必要以上に情報収集に逃げてしまうパターンです。いったん情報収集に逃げてしまうと判断を先延ばしにするクセがつき、全体の進捗を止めてしまう結果になってしまいます。

また、複数の選択肢の中から１つに決める際、選択肢全部に時間をかけてしまうと、段取りの生産性は落ちてしまいます。

このように「判断の早さ」は、手を動かす「作業スピード」以上に段取りの生産性を決定づけてしまうのです。

人はつい、不確実な未来に対して判断を下そうとするとき、「もし、判断が間違っていたら……」と悩んでしまいがちです。

しかし神様でもない限り、**未来のことを完全に予測するのは不可能ですから、どこかの段階でベストと思える判断をしていくしかありません。**その際に、ぜひ次の3つのポイントを意識してみてください。

Contents

ポイント1：「判断の正しさ」より「判断の早さ」
ポイント2：「判断する期限」を決めておく
ポイント3：「判断後のアクション」に集中する

ポイント1：「判断の正しさ」より「判断の早さ」

そもそも、その時々の局面で絶対確実な情報が100%入手できることなどありえません。どのような判断も、結局は「やってみなければわからない」のですから、必要最低限の情報が収集できたら早めに判断・行動するクセをつけることが重要です。

すると、たとえその判断が間違っていたとしても、早い段階で「この方法ではうまくいかない」「その原因は○○」という学びも得ることができます。

つまり、**方針転換の判断も早めにできるようになるので、結果的に段取り全体の生産性を高める**ことができます（図04）。

ポイント2：「判断する期限」を決めておく

仕事の生産性が高い人は、何をいつやるかという段取りも上

図04「判断の正しさ」より「判断の早さ」を重視する

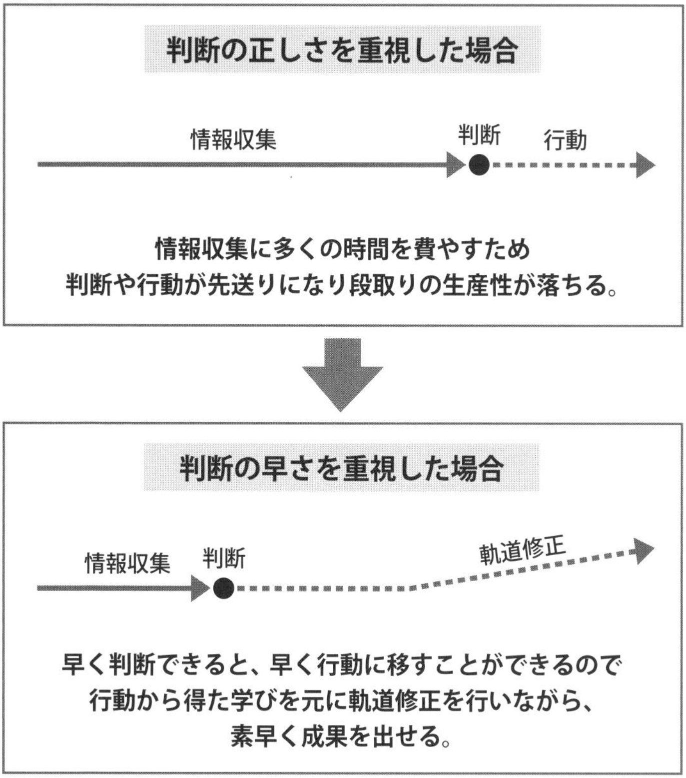

判断の正しさを重視した場合

情報収集　判断　行動

情報収集に多くの時間を費やすため
判断や行動が先送りになり段取りの生産性が落ちる。

判断の早さを重視した場合

情報収集　判断　軌道修正

早く判断できると、早く行動に移すことができるので
行動から得た学びを元に軌道修正を行いながら、
素早く成果を出せる。

手ですが、判断の期限が明確です。そして**判断する期限が来たらその時点で情報収集作業をストップし、今ある情報のみで合理的な仮説を立てて、判断を下す**のです。

情報過多の時代においては、どんなに情報を集めても「どれも正解に思えるし、どれも不正解に思える」という状況は当たり前に頻発します。だからこそ、判断する期限をあらかじめ設定しておかないと、ズルズルと何も決まらない状態が続いてしまうことになります。

●ポイント３：「判断後のアクション」に集中する

一度判断を下したら、「その判断は、本当に正解だったのか」「判断を間違えていたらどうしよう」と悩み続けることに意味はありません。すでに判断を下してしまっているのですから、考えるべきは「何をしたら、その判断を正解にできるか？」という「次のアクション」です。

あらゆるビジネスは、過去ではなく未来に向けてなされます。だとすれば「判断する前」に正解が決まっているわけではなく**「判断した後」にどう動くかで、正解になるかどうかが決まるのです。**

hack 04 のまとめ

◎「判断の早さ」を重視すれば、方針転換の判断も早めにできるようになる。

◎ あらかじめ判断の期限を設定しておくと「ズルズルと段取りが進まない」状態を防げる。

◎ 判断は「判断した後にどう動くか」が重要。

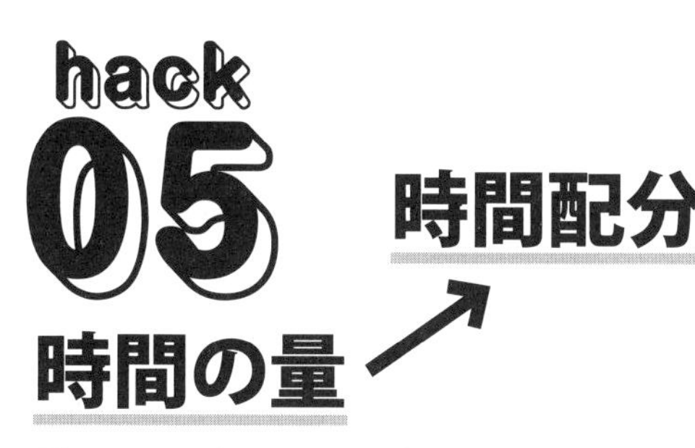

限りある時間を有効に使う

😣 成果を上げるために、働く時間を増やさなければならない。

働く時間の長さで勝負する考え方は、いずれ行き詰まることになります。なぜなら、「働く時間を増やすことで得られる成果」は1日24時間で上限に達してしまい、それ以上の成果は増やせないことを意味するからです。

また、モノやお金とは異なり、時間は保存することができずに一方的に失われていくだけです。だとすれば、**考えるべきなのは限りある時間をいかに生産的に使っていくか？　という「時間配分」**です。

時間配分を考えるうえで有名なのが、「時間管理マトリクス」でしょう（図05-1）。自分が費やしている時間を「重要度」と「緊急度」の軸で4つの領域に分け、それぞれの領域の時間配分を考えるフレームワークです。

Contents

領域1：緊急度が高く、重要度も高い

図05-1　時間管理マトリクス

重要度 ＼ 緊急度	高い	低い
高い	1 緊急度が高く 重要度も高い	3 緊急度は低いが 重要度は高い
低い	2 緊急度は高いが 重要度は低い	4 緊急度も 重要度も低い

領域 2：緊急度は高いが、重要度は低い

領域 3：緊急度は低いが、重要度は高い

領域 4：緊急度も、重要度も低い

●領域 1：緊急度が高く、重要度も高い

この領域は締切りが近く、かつ自分にとっても重要な時間なので、取り組む優先順位は高くなります。また、この領域の時間は、**「突発的に入ってきた重要な仕事に費やしている時間」と「締切りが近い重要な仕事に費やしている時間」の２つ**に

分けて考えることができます。
「突発的に入ってきた重要な仕事」とは、たとえば「トラブル対応」や「重要顧客からの緊急の仕事依頼」などが典型例です。これらの仕事は自分の意思と無関係に入ってくる飛び込み仕事なので、コントロールすることができません。よって、粛々と進めるしかありません。

しかし、「トラブル対応」や「重要顧客からの緊急の仕事依頼」の頻度があまりにも多いようなら、それらを恒常的に生じさせている何らかの原因があるはず。それを取り除くことで、費やす時間を減らすことができます。

一方で「締切りが近い重要な仕事」に関しては、自分の意思でコントロールできる時間のはずです。にもかかわらず「締切りギリギリに忙しくなることが多い」場合は、自分の「段取りの進め方」に問題があります。

よって、一つひとつの仕事が終わった後に問題点を洗い出してみましょう。そうすれば、「段取りのスキル」を向上させるきっかけになり、「締切りギリギリであわてる」という状態を減らしていくことができます。

領域2：緊急度は高いが、重要度は低い

この領域は、大きな価値を生む仕事ではないものの、緊急の作業に費やしている時間が当たります。

たとえば、「とりあえず呼ばれた急な会議」や、「本来自分がやる必要のない、緊急の頼まれ事」などが典型です。

この領域に費やしている時間は、「急ぎの仕事を引き受けてくれた」という周囲からの感謝が伴いやすいため、つい役に立った気になりがちです。

しかし、「緊急度は高いが、重要度は低い」ということは、「忙しくなるわりには、価値を生み出していない」という状態です。**この領域の時間を増やしすぎると「単なる便利屋」になってしまうので注意しなければなりません。**

この領域の時間を減らすためには、仕事を頼んできた相手の「意図」を見抜くことです。仕事はチームワークで成り立っていますから、本当に相手が困っていて、自分にしか解決できないなら助けてあげるべきです。

しかし、「便利屋として使おう」という意図が透けて見えた場合には、勇気を出して断るようにしましょう（hack 03、26ページ）。こうして浮いた時間を、重要な別の時間に費やすことができれば、成果に結びついていくはずです。

●領域３：緊急度は低いが、重要度は高い

今すぐ成果が出るわけではありませんが、**将来のあなたを形づくるうえで根本的な時間**がこの領域に当たります。

たとえば、「スキルアップに費やす時間」や「中長期的なキャ

リアづくりに費やす時間」などが典型です。

この領域は、重要だとわかっていても優先順位を下げてしまいがちです。なぜなら、締切りがあるわけでもなければ、すぐに成果が出るわけでもないため、つい目の前の仕事に忙殺されて後回しにしてしまうからです。

しかし、この領域に時間を割けていない状態とは、**今に追われ、自分の将来と向き合えていない状態とイコール**です。より具体的にいえば、「中長期的に取り組まない限り身につかないスキル」の獲得に時間を費やせていない状態です。

ここでぜひ理解してほしいのは、「5分で身につくスキル」は「5分で真似されるスキル」でしかないことです。一方で「5年かけないと身につかないスキル」は、他の人も身につけるのに5年かかるのですから**「5年間は真似されないスキル」**になります。

場当たり的に緊急度の高い仕事に時間ばかりに費やしていたら「5分で身につくスキル」は身についても、「5年かけないと身につけたスキル」を身につけることができません。よって、この領域の時間を、意識的かつ計画的に確保する必要があります。その際には、ぜひ次の3つを意識してください。

領域3- ポイント1：選択と集中を考える
領域3- ポイント2：先にスケジュールを押さえてしまう

領域３ポイント-3：スキマ時間をうまく使う

領域3-ポイント1：選択と集中を考える

たとえば、同時並行で「思考力」「マーケティング」「財務・会計」「組織論」を欲張って学ぼうとすると、すべてが中途半端になってしまいます。複数のボールをいっぺんに投げられると、1つもキャッチできなくなるのと同じです。

よって、複数のスキルを得ようとする場合には同時並行を避け、「この３カ月は思考力を身につけることに集中する」「次の３カ月はマーケティングの知識に集中する」など、**時期ごとの選択と集中を意識**しましょう。

領域3-ポイント2：先にスケジュールを押さえてしまう

人はつい「目先のこと」に目が向きがちですが、あらかじめ将来の自分のスケジュールを押さえておけば、「先々のこと」に目が向くようになります。

また、スケジュールを立てる際に、一つひとつの締切りを細かくセットすれば締切り効果が働くので、**「緊急度は低いが、重要度は高い」取り組みを、「緊急度が高く、重要度も高い」取り組みに変えていく**ことができます。

領域3-ポイント3：スキマ時間をうまく使う

筆者の場合、「領域３：緊急度は低いが、重要度は高い」こ

図05-2　スキマ時間をうまく使う

自宅から最寄り駅まで歩いている時間	15分	さまざまな物事を頭の中で計画する時間
朝の通勤時間	60分	本やスマホで情報収集する時間
会議室に入ってから会議が始まるまでのスキマ時間	5分	収集した情報を読み込む時間
昼食でランチを注文してから出てくるまでの時間	10分	収集した情報を読み込む時間
取引先往訪までの移動時間	20分	収集した情報を読み込む時間
終業後のカフェ	60分	思考を巡らせながらアウトプットする時間
帰宅時の電車の中	60分	足りない情報を収集する時間
最寄駅から自宅まで歩いている時間	15分	頭の中で振り返る時間

とに費やす時間を次のように分け、そのうえでスキマ時間に配分しています（図05-2）。

●計画する時間
●情報収集する時間
●情報を読み込む時間
●考えてアウトプットする時間
●振り返る時間

　重要なのは**「どのスキマ時間に、何をやるか」**をあらかじめ**決めておき、習慣化する**ことです。

　あらかじめ決めておかないと、スキマ時間は「無意味にスマホをいじる時間」になってしまいます。時間の使い方とは､「あなたの人生の使い方」そのものですから、一つひとつのスキマ時間も意味のある時間に変えていきましょう。

領域４：緊急度も、重要度も低い

「緊急度も、重要度も低い」こととは、たとえば「同僚との飲み会」や「世間話」、あるいは「デスク回りの整理整頓」などが典型です。

　この領域に関しては「やらなかったら、どうなるか？」を考えて、**「やらなくても何も変わらない」場合は減らしていきましょう。**

hack 05 のまとめ

◎「働く時間を増やすことで得る成果」は１日24時間で上限に達する。

◎ 重要なのは限りある時間をいかに生産的に使っていくか？　という「時間配分」。

hack

第2章

「段取り」の生産性を上げる

いきなり進めず、指示の背景にある意図を読み取る

☹ せっかく資料をまとめても、やり直しをさせられてしまう。
☹ 上司の指示が曖昧で、何をしていいかわからない。

人は誰かから「頼まれ事」をされたときに、つい反射的に「どのような段取りで進めて行こうか？」と「進め方」を考えがちです。しかし、「頼まれ事」の背景を確認しないまま段取りを進めてしまうと、後々「やり直し」が発生してしまうことがあります。

仮にあなたがエステ会社のマーケティング担当者だったとしましょう。

上司から「今週中に業界動向の資料をまとめておいてくれ」と頼まれたとします。1週間かけて次のような段取りで作業を進めました。

月曜日：エステ業界の市場規模の推移を調べた
火曜日：エステ業界の競合企業の戦略について調べた

水曜日：エステ業界の競合企業のサービスについて調べた

木曜日：エステ業界の競合企業のキャンペーンについて調べた

金曜日：最後にこれらをまとめて報告書にして提出した

しかし金曜日の夕方に上司に報告書を提出したあなたは「俺が頼んだのはそういうことじゃない！」「土日出勤してでも、全部つくり直してくれ！」と激怒されてしまいます。

面食らったあなたは、つい考え込んでしまうことでしょう。「いったい、何が悪かったのだろうか？」と。

ここで、上司が業界動向の資料が必要になった「背景」に想いをはせてみましょう。

もしかしたら、上司は「自社のエステ店の売上が低迷している原因」を経営会議で報告する必要があったのかもしれません。だとしたら「エステ業界がどうなっているのかを調べる」からさらに一歩踏み込んで「なぜ自社のエステ店の売上が低迷しているのか？」という原因まで踏み込んだ報告書にまとめる必要があったのかもしれません。

あるいは上司の頭の中には「美容家電の普及が、自社エステ店の売上低迷の原因になっているのかもしれない」という考えがあったのかもしれません。だとすれば、上司に頼まれた「業界動向の資料」の「業界」の定義を、エステ業界ではなく美容家電業界まで広げて調べる必要があったのかもしれません。

したがって、上司から頼み事をされたときは、部下であるあなたの側から**「その頼まれ事が生じた、そもそもの背景」を確認する**習慣をつけましょう。

しっかりと背景を確認する習慣は、先ほどの例のような「やり直し」を防ぎ、あなたを助けてくれます。また、頼み事をした上司にとっても、背景を踏まえた報告書が提出されるのはうれしいはずです。

その際に、ぜひ確認しておきたいポイントは次の３つです。

Contents

ポイント１：理由

ポイント２：意図

ポイント３：ラスボス

●ポイント１：理由

１つ目の背景は**「その頼み事が必要になった理由」**です。

どのような仕事にも、必ず「その仕事が必要である理由」が存在します。その「理由」とは、言葉を変えれば「目的」でもあります。

先ほどの例でいえば、「自社のエステ店の売上が低迷してい

図06-1 **「理由」を確認する**

上司の指示

「エステ業界の業界動向資料をまとめてほしい」

その背景（理由）

「自社エステ店の売上が低迷している
原因を解明したい」

自社エステ店の売上低迷の原因がわかる
業界動向資料をつくる

る理由を解明したい」が「目的」にあたります。

「目的」が明確になれば、「なぜ自社のエステ店の売上が低迷しているのか？」というテーマに絞って調べて、報告書をまとめることができるので、段取りははるかに楽になります（図06-1）。

●ポイント2：意図

続いて２つ目は**「その頼み事を通して何を実現したいのか？」という「意図」**です。

頼み事をする人は、頼み事をする時点で、なんらかの「考え」や「意図」を持っている場合があります。

先ほどの例でいえば、上司の頭の中にあった「美容家電の普及が、自社エステの売上低迷の原因になっているのかもしれない」がこれにあたります。

図06-2　**「意図」を確認する**

上司の指示　「エステ業界の業界動向資料をまとめてほしい」

▼

その背景（理由）　「美容家電の普及が、自社エステ店の売上低迷の原因になっているのでは？」

▼

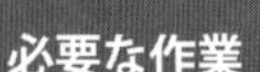

必要な作業　「業界」の定義を「エステ業界」だけでなく「美容家電業界」まで広げて業界動向資料をつくる

この「意図」がズレてしまうと、頼み事をした人からすれば「思っていたのと違う」という状態となり、失望を生んだり、大きなやり直しが発生したりしてしまいます（図06-2）。

●ポイント３：ラスボス

先ほどの例では「経営会議」が「ラスボス」にあたります。

ラスボスが経営会議であれば、報告書はwordではなくPowerPointでつくって、プロジェクターに映せるようにしておいたほうがいいのかもしれません。文章をメインにするよりも、数値をメインにしたほうが、意思決定がしやすくなるのかもしれません。あるいは、報告書の本編とは別にエグゼクティブサマリーをつけたほうが、経営陣は喜ぶのかもしれません。

このように「ラスボスは誰か？」によって、報告書のつくり方は大きく変わっていきます（図06-3）。

図06-3 「ラスボス」を確認する

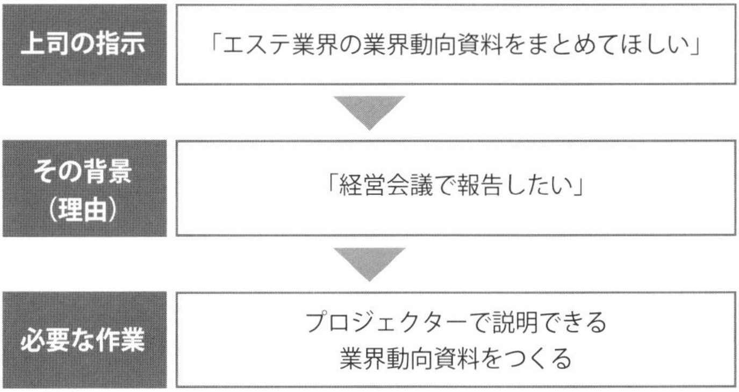

上司の指示	「エステ業界の業界動向資料をまとめてほしい」
その背景（理由）	「経営会議で報告したい」
必要な作業	プロジェクターで説明できる業界動向資料をつくる

＊

以上のように、「背景」次第で「進め方」は大きく変わります。よって、あなたが何か頼まれ事をしたときには、進め方を考える前に「理由」「意図」「ラスボス」という3つの背景を確認しておくとやり直しが発生せず、仕事の生産性は高まり、上司にも喜ばれるはずです。

hack 06 のまとめ

◎「背景」を確認すれば「認識のズレ」を防ぎ、仕事の生産性を高めることができる。

◎「理由」「意図」「ラスボス」の3つを確認すれば、やり直しを防げる。

やるべきことを見える化する

☹仕事の要領が悪くて、まわりに迷惑をかけてしまう。
☹一度にいろいろな仕事を頼まれると、パニックになりやすい。

段取りが下手な人は、つい「目の前のこと」や「思いついたこと」から作業を始めてしまいがちです。しかし、思いつきで作業を始めてしまうと、本来必要のない作業までやってしまったり、あるいは重要な作業を後回しにしてしまったりして、周囲に迷惑をかけてしまいます。

そこで、新しい仕事が発生したら**初めにやってほしいのが「段取り全体の計画を立てる作業」**です。「わざわざ計画を立てるなんて面倒くさい」と感じるかもしれませんが、次の4ステップで段取りの計画を立てるだけで、仕事は劇的にスムーズに進むようになります。

Contents

ステップ1：ゴールまでの作業を分解して洗い出す
ステップ2：洗い出した作業をスケジュールに並べる

ステップ3：作業ごとに成果物の内容・レベルを決める
ステップ4：作業ごとに役割分担を決める

ステップ1：ゴールまでの作業を分解して洗い出す

段取りが苦手な人は、ほぼ例外なく段取りを「曖昧（あいまい）なイメージ」でとらえています。その結果「何から着手していいかわからない」という状態になりがちなのです。

したがって、段取りを考える第1ステップとしてまずやるべきことが**「ゴールまでの作業を分解して洗い出す」**です。

仕事の漏れや重複は、作業の一部分ばかりに視点が集中して「段取り全体」が見えていないときに起こります。まずは、「これから必要になる作業」をすべて洗い出しておきましょう。

すると、「どのような作業を積み上げていけば最短でゴールにたどり着けるのか？」が具体的にわかるようになります。何から始めるべきかがわからなくなったり、段取りの終盤になって抜け漏れが発生することがなくなるので、段取りがスムーズに進むようになります。

ステップ２：洗い出した作業をスケジュールに並べる

洗い出した作業をスケジュールに並べると「作業の順番」が見えるようになります。「作業の順番」が見えるようになると、「データを集める作業が終わらないと、分析作業が始められない」など、「前工程と後工程の関係」を明らかにできます。すると、段取り全体に影響を及ぼすような「絶対に遅れが許されない重要な作業」を見極めることもできるようになります。

また、洗い出した作業をスケジュールに並べると、それぞれの作業ごとの「締切り日時」を設定できるので、「なんとなくズルズルと後回しにしてしまう」という状態を避けることができます。

ステップ３：作業ごとに成果物の内容・レベルを決める

事前に作業ごとの「成果物の内容」を決めておけば、それ以外の**必要のないことをやらなくてすむ**ようになります。

また、「成果物のレベル」を決めておけば、必要以上に成果物のレベルを上げる無駄な時間を減らすことができます。

図07 **段取り計画の立て方**

ステップ1：ゴールまでの作業を分解して洗い出す

作業 作業 作業 作業

- ゴールに至るまでに「どのような作業が 必要か？」がわかる

ステップ2：洗い出した作業をスケジュールに並べる

作業 作業 作業 作業

- 「作業の順番」がわかる
- それぞれの作業の締め切りがわかる
- 段取り全体に影響を与える重要な作業が わかる

ステップ3：作業ごとに成果物の内容・レベルを決める

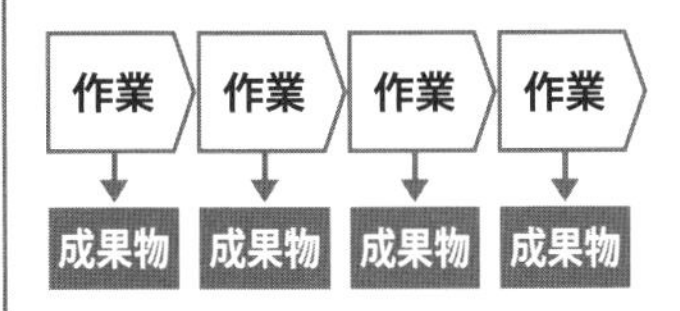

- それぞれの作業の成果物の内容・レベルを決めることで、「何を」「どこまで」作業すべきかが わかる
- 成果物の内容やレベルが決まるので、不必要な作業を防げる

ステップ4：作業ごとに役割分担を決める

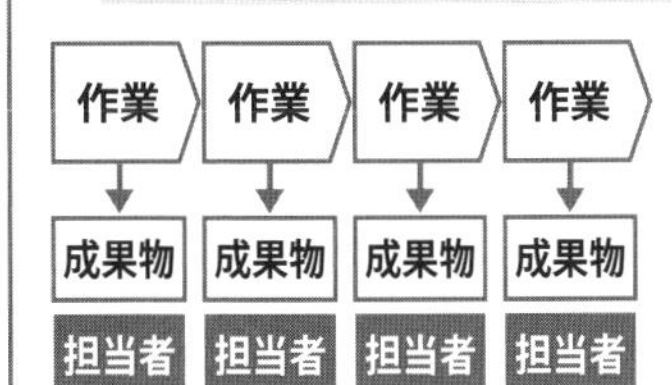

- それぞれの作業ごとの「担当」と「責任範囲」がわかる

ステップ４：作業ごとに役割分担を決める

ここまでくれば、すでに必要な作業は洗い出され、どのタイミングでどの作業が必要になるかはわかっている状態です。したがって、それぞれの作業ごとに「誰にやってもらうか？」を割り当てることができます。作業の内容と適性が合う人に声を掛ければ、より段取りはスムーズに進んでいくはずです（図07）。

また、ステップ４までの計画を立てられるようになると、作業メンバー一人ひとりのおおよその作業量や所要時間を見積もることができるようになるので、「そもそもこのスケジュールでゴールにたどり着けるのか？」、あるいは「この人員でゴールにたどり着けるのか？」という**段取り全体の実現可能性がわかる**ようになります。

仮に「このスケジュールや人員では実現が難しい」とわかった場合でも、仕事の依頼者に「作業計画」を見せることで合理的に説明できるようになり、「締切りの先延ばし」や「人員増」に向けた建設的な交渉ができるようになります。

＊

常に「計画」を念頭に置きながら作業を進めると、自分が全体の段取りのどこにいるかを把握できるので「期限が迫ってからあわてる」という状況を避けることができます。

また、別の割り込み作業を依頼された場合にも「現在の業務量」や「先々の業務量の見通し」がわかっているので「今は割り込み作業は受けられない」「このタイミングでなら受けられる」などと、相手に納得してもらえるかたちで回答しやすくなります。

このように「計画」はさまざまな面であなたを助けてくれます。よって、仕事を依頼されたときは「思いついたこと」から着手するのではなく「まずは計画を立てさせてください」とお願いし、段取り全体の計画を立てるようにしましょう。

hack 07 のまとめ

◎ 初めに段取り全体の「計画」を立てることができれば、段取りはスムーズに進む。

◎「計画」は、あなたの業務実態を見える化し、あなたを助けてくれる。

hack 08 処理スピード→やらないこと

「目的」のために、無駄な「手段」を捨てる

😣振り返ってみると、無駄な作業をしている。
😣時短テクニックを使っても、一向に仕事が進まない。

仕事の生産性を高めるための「時短テクニック」が人気です。代表的な例でいえば「PCの文字入力スピードを上げるために、辞書登録機能を使う」「少しでも計算スピードを速くするために、Excel関数を覚える」などが典型でしょうか。

しかしどんなに時短テクニックを駆使しても、その作業自体が必要のない作業だったとしたら意味がありません。しなくてもいいことを効率的に行うことほど、無駄なことはないのです。

仕事が早い人とは、作業スピードが速い人ではなく、必要のない作業を見極めて、やめてしまえる人です。

では、どうしたら「必要のない作業」を見極めることができるのでしょうか？　ポイントは次の2つです。

Contents

ポイント1：「今やろうとしていることは、そもそも目

的に対して役に立つのか？」を考える
ポイント2：「今やろうとしていることを、別の手段でラクにできないか？」を考える

ポイント1：「今やろうとしていることは、そもそも目的に対して役に立つのか？」を考える

人は誰でも、**作業に没頭すればするほど「手段の目的化」が起こり、本来の目的を見失っていきます。**

たとえば､次の例は､よくある典型的な「手段の目的化」です。

① 情報収集をしていたら、本来の目的とは関係がないものの興味深い発見があって、つい追求してしまった
② 社内会議用の資料をつくっていたら、デザインやアニメーションにこだわりすぎて、残業してしまった

①の例では、本来の情報収集の目的を見失い「自分の知的好奇心を満たすこと」が目的になってしまっています。また②の例では「会議に役立てる」という本来の目的を見失い「資料を

きれいに装飾すること」が目的になっています。

これらは本来の「目的」に照らせば、求められている時間の使い方ではありません。

「目的」は少し先の話である反面、「手段」は今目の前の話であることから、人はつい「手段」に意識が向きがちです。

だからこそ、常日頃から「やること（手段）」よりも「たどり着くべき成果（目的）」を念頭に置き、「今やろうとしている手段は、そもそも目的に対して役に立つのか？」を意識的に考えておく必要があるのです。

ポイント２：「今やろうとしていることを、別の手段でラクにできないか？」を考える

「手段の目的化」が起こると、人はその手段以外のやり方を想像できなくなり、本来もっとラクなやり方があるにもかかわらず、別の可能性に目を向けづらくなります。

たとえば、社内会議で使用する資料の印刷について考えてみましょう。

効率的に資料を印刷するには、「事前に十分な用紙を補充しておく」「複数台のプリンタを同時並行で走らせる」「ホチキス止め機能を使う」などの工夫ができるかもしれません。

図08 目的を押さえる

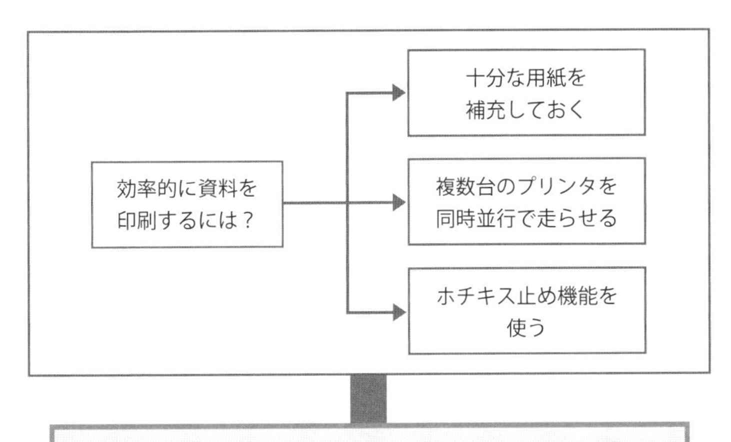

「効率的に資料を印刷する」そもそもの目的は何か？

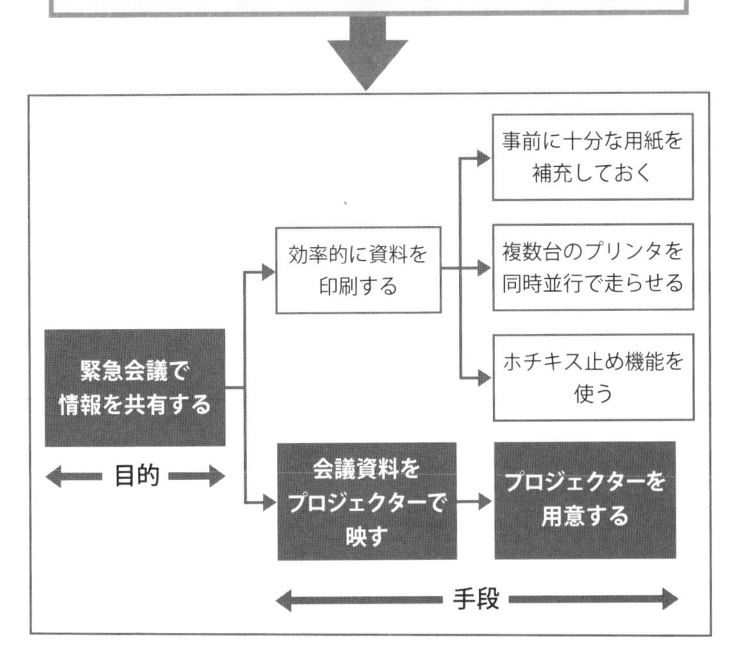

しかし、資料を印刷する目的が「社内会議で情報を共有すること」なら、「プロジェクターで映す」ことで事足りることもあるでしょう。そうすれば、そもそもの「資料を印刷する」という作業自体をなくしてしまえます（図08）。

目的さえしっかりと押さえておけば、その手段は複数あるわけですから、**アイデア次第では作業をラクにしたり、なくしたりすることができます。**

hack 08 のまとめ

◎ 作業のスピードを上げるより、必要のない作業を見極める。

◎ 常に「目的に対して役に立つのか？」を考えれば、手段の目的化を防げる。

◎ 常に「別の手段でラクにできないか？」を考える。

「自分でやったほうが早い病」の克服

☹ 全部自分でがんばろうとして、疲れ果ててしまう。
☹ 仕事を抱え込みすぎて､結果的に周囲に迷惑をかけてしまう。

強い責任感を持つのは素晴らしいことですが、仕事を抱えすぎることによる遅れで、周囲に迷惑をかけることがあります。

そこで、ぜひ意識してもらいたいのが**「自前主義」を捨てて「役割分担」のスキルを身につけること**です。

不得意なことでがんばろうとしても時間がかかってしまいますし、成果も出にくいものです。しかし、役割分担のスキルが身につけば、これまで１人ではなしえなかった、より大きな成果を追求できるようになります。

役割分担のスキルを身につけることで得られるメリットは、大きく分けて３つあります。

Contents

メリット１：作業を効率化できる
メリット２：作業を同時並行化できる

メリット３：自分にはない視点やアイデアが得やすくなる

メリット１：作業を効率化できる

人にはそれぞれ「得意・不得意」がありますが、不得意な作業をやるよりも得意な作業をやるほうが作業の効率は上がるものです。

たとえば、「情報収集をする」「課題を発見する」などの業務は、自分がやるより「分析が得意な人」に、また「課題解決のアイデアを考える」業務は、「アイデアを考えるのが得意な人」に依頼したほうが、効率的に進むでしょう。

このように、**個々の作業を「得意な人」に役割分担することで、１人が自力でがんばるより、はるかに短い時間で、質の高い成果が生み出せる**はずです。

メリット２：作業を同時並行化できる

たとえば、「情報収集をする」という作業について考えてみましょう。

一口に「情報収集」といっても、その作業は「業界動向の情報を収集する」「顧客関連の情報を収集する」「競合商品の情報を収集する」など多岐にわたるものです。これらを１人で抱え込んでやろうとすると「業界動向の情報を収集する」→「顧客関連の情報を収集する」→「競合商品の情報を収集する」と直列的に作業を進めなければならなくなるので、どうしても時間がかかってしまいます。

しかし、これらの作業を３名で役割分担できれば、３つの情報収集作業を同時並行で進めていくことができるようになるので、単純計算すると３分の１の時間ですむようになります（図09）。

このように**役割分担できれば、作業を同時並行化できるので、１人で抱え込むよりもはるかに高い生産性を実現できます。**

◉メリット３：自分にはない視点やアイデアが得やすくなる

人は**「自分で考えられる範囲」**が**「自分の限界」**になってしまいます。つまり、あらゆる作業を１人で抱え込んでしまうと「自分の頭の中にあること」だけが、生み出される成果の限界になってしまうのです。

「役割分担をする」ということは「他人の頭をうまく活かす」ということでもあります。

図09　**作業を同時並行化できる**

1日目	2日目	3日目
業界動向の情報を収集する	顧客関連の情報を収集する	競合商品の情報を収集する

自前主義だと3日かかる

1日目	2日目	3日目
業界動向の情報を収集する	顧客関連の情報を収集する	競合商品の情報を収集する
顧客関連の情報を収集する		
競合商品の情報を収集する		

3人で役割分担をすると同時並行化ができるので1日で終わる

自分１人で抱え込んで遅れていたことも、他のメンバーに聞けば瞬時に解決し、業務効率が上がるかもしれません。あるいは「自分が気づかなかった別の側面」や「自分１人では至らなかった深い洞察」が得られれば、成果の質が向上するかもしれません。

＊

「自前主義」を捨てて「役割分担」のスキルを身につけることができれば、業務の効率化と成果品質の向上の両面で、自分を助けてくれるはずです。

hack 09 のまとめ

◎ 役割分担すれば、得意な人に仕事を任せることで、生産性を上げることができる。

◎ 役割分担すれば、直列作業を同時並行化することで、生産性を上げることができる。

◎ 役割分担すれば、他人の頭を活かすことで、成果の質を向上させることができる。

hack 10 受け身→先読み

先手を打って主導権を握る

😣いつも周囲に巻き込まれて、振り回されてしまう。
😣場当たり的に仕事をしてしまうことが多く、いつも慌ただしくなってしまう。

次々に発生する仕事に振り回されるという人は、「先読み力」を身につける必要があります。
「先読み力」とは「その場のこと」や「自分のこと」だけ考えるのではなく、仕事の全体像を理解したうえで、自分がやっている作業の先に何があるのか、そのために今の自分は何をしておくべきなのかを理解する力です。
生産性が低い人は目の前のことしか考えないため、物事への対応が場当たり的になってしまったり、後手に回ったりしてしまいます。すると、仕事が自転車操業のような状態になってしまいます。
しかし、「先読み力」を身につけることができれば、先々に起こりそうなことを事前に予測できるようになります。すると、その予測に対して「あらかじめ準備をしておく」「リスクを予防しておく」など先手を打って働きかけることもできるようになります。

その結果、自転車操業状態を抜け出し、余裕を持って仕事を進められるだけでなく、目標達成に向けた段取りをリードすることすらできるようになるのです。

では、どうすれば「先読み力」を身につけることができるのでしょうか？

Contents

ポイント1：全体的な視野を持つ
ポイント2：「この先、どうなりそうか？」を考える
ポイント3：「今のうちに何ができそうか？」を考える

ポイント1：全体的な視野を持つ

全体的な視野を持つことができれば、自分が担当している作業は「全体の中の部分に過ぎない」ことが理解できるようになります。

すると「全体のゴールを達成するには、自分が担当する作業以外にもどのような作業が必要になるのか？」にも目が向くようになり、「先々のこと」「自分以外の作業のこと」も考えられるようになっていきます（図10）。

図10　全体的な視野を持つ

前工程 → 自分の作業 → 後工程

←　全体的な視野を持つ　→

- 自分が担当している作業は「全体の中の部分に過ぎない」ことが理解できる
- 「全体のゴールを達成するには、自分の作業以外に何が必要か？」に目が向く
- 「先々のこと」「自分以外の作業のこと」も考えて取り組めるようになる

ポイント２：「この先、どうなりそうか？」を考える

たとえば、上司から資料作成を依頼された場合に、事前に「この先どうなりそうか？」を考えることができれば、「手持ちのデータ以外のデータも必要になりそうだ」「データ部門の担当者とミーティングが必要になりそうだ」など、先々の予測ができるようになります。

ポイント３：「今のうちに何ができるか？」を考える

「今のうちに何ができるか？」を考えることができれば「手持

ちのデータ以外のデータも必要になるので、あらかじめデータ部門の担当者との打ち合わせをセットしておく」「そのために、あらかじめ会議室を予約しておく」など、先手を打った行動がとれるようになります。

一方、「今のうちに何ができるか？」を考えずに、場当たり的に行動してしまうと、「データが必要なのでデータ部門に問い合わせたら、担当者が出張中だった」「データ部門の担当者と打ち合わせしようと思ったら、会議室がいっぱいだった」など、その場その場で対応を考えざるをえなくなり、仕事は自転車操業になってしまうので注意が必要です。

＊

このように、「全体的な視野を持って」「この先、どうなりそうか？」「今のうちに何ができるか？」を意識できれば「先読み力」が身につき、**「人や状況に振り回されている時間」を「自分の意思で動いている時間」に変えていくことができます。**

hack 10 のまとめ

◎「自分のこと」「目の前のこと」だけでなく「全体」に視野を広げて考える。

◎ 常に「この先、どうなりそうか？」を予測する習慣を持つ。

◎「今のうちに、何ができるか？」を考える習慣を身につける。

hack 11 自分の作業 → 後工程の作業

後工程の作業を意識して、自分の作業を行う

☹ 後工程の人から催促が頻繁にきてしまう。
☹ つい後回しにしてしまう。

チームを組んだ作業だったり、部署間を横断するようなプロジェクトの場合、自分の作業が遅れたり、後回しにしてしまうと、後工程の担当者から矢のような催促が飛んでくることがあります。

「段取りには優先順位が重要だ」とはよく言われますが、作業の優先順位を**「自分の仕事の範囲内」だけで考えてしまうと、「後工程の担当者の優先順位」に大きな影響を与えてしまいます。**

したがって、作業の優先順位は「後工程の担当者の優先順位」まで含めて考える必要があります。その際に、意識しておきたいポイントが3つあります。

Contents

ポイント1：コミュニケーションの頻度を上げる
ポイント2：作業の必要十分を見極める

ポイント3：自分を動かすルーティンをつくる

●ポイント1：コミュニケーションの頻度を上げる

後工程の担当者は、あなたの作業の進捗に大きな影響を受けてしまうため、それが見えないと不安になります。そして、あなたの作業の締切りが近づくと、何度も催促を飛ばしてきたり、あなたの仕事の終了を待たずに、先行して後工程を進めたりしてしまうことがあります。

かくいう筆者も、昔は「自分は期限内に完璧に仕事をすればそれでよい」と考え、後工程の担当者とまったくコミュニケーションをとらずに仕事をしていた時期があります。

しかしその結果、後工程の担当者が筆者の作業の終了を待たずに先行して作業を始めてしまい、後から前後をつなげたときに辻褄（つじつま）が合わなくなって手戻りが起きる、という状態を繰り返していました。

その後やり方を変え、毎日のように後工程の担当者に進捗状況をメールで共有するようにしたところ、催促や手戻りは目に見えて減っていきました。

催促は、するほうもされるほうも、決して気持ちがよいものではないうえ、時間も使うので生産性も下げます。よって「後工程がある仕事」の場合は、逐一後工程の担当者とコミュニケーションをとるようにしましょう。

ポイント２：作業の必要十分を見極める

完璧主義で責任感の強い人ほど、「完璧を期そう」「中途半端なままでは、後工程の担当者に申し訳ない」と考え、自分の作業を完璧に仕上がるまで時間と労力を傾けがちです。しかしその結果、締切りに遅れてしまったり、残業に追われてしまうのであれば、生産性の高い働き方とは言えません。

こと仕事においては、必ずしも「完璧に仕上げることが善」とは限りません。どれだけ完璧に仕上げたとしても、必要以上に時間や労力を費やしたのであれば、それは非効率な「悪」とされる時代です。

働き方改革の時代には「完璧」ではなく、作業の「必要十分」を見極める必要があります。たとえ自分としては「中途半端」だと感じても、その作業を評価する後工程の担当者が「必要十分」だと認めれば、**それ以上の努力は生産性を下げる余計な労力でしかありません。**

●ポイント3：自分を動かすルーティンをつくる

「すぐに着手したほうがいいに決まっている」
「でも、なかなか気分が乗らない」
　と先延ばしにしているうちに時間が経ってしまい、気がつけば締切り間際であわててしまうのが人間です。
　こんな状態に陥ることが多いなら、気合いで自分を動かそうとするのではなく、「自分を動かすルーティンをつくる」ことを考えましょう。
　筆者も人間ですから、気分や体調によっては、どうしても「気分が乗らない」というタイミングはあります。そんなときはとりあえず「資料の表紙だけはつくっておく」ことをルーティンにしています。複数の資料をつくらなければいけないときも、まずはそれぞれの資料の「表紙だけ」をつくっておくのです。「まずは表紙をつくっておく」と、少しずつ気分が乗っていき、リズムが生まれます。
　心理学には「ツァイガルニック効果」という言葉がありますが、これは「人は未完成のものが気になる」という心理傾向のことで、少しでも資料作成に着手することで、作業継続へのモチベーションをつくることができます。
　また、筆者の知人には「気分が乗らないときは本を買う」ことをルーティンにしている人もいます。本人曰く「本を買っちゃったんだから、がんばるしかない」という気分になり、やる気にスイッチが入るそうです。

このように、日頃から自分を客観的に振り返り、「自分は何をきっかけにすればやる気が出やすいのか？」を把握し、それを「自分を動かすルーティン」にすることで「後回しにしてしまうクセ」を克服することができます。

hack 11 のまとめ

◎ 作業の優先順位は「後工程」も含めて考える。

◎ 後工程の担当者とのコミュニケーションを増やすことで、催促や手戻りを防ぐ。

◎ 労力をかけて完璧を目指すより、最短距離で作業の必要十分を目指す。

◎ 自分のモチベーションをつくる「ルーティン」をつくっておく。

情報を待つ → 仮置きで動く

絨毯爆撃ではなく、狙いを定めながら動く

☹ 十分な情報が集まらない限り、先に進めない。

☹ 情報収集に時間がかかりすぎる。

いろいろ理由をつけて、行動を先延ばしにしてしまう人は、「周到な準備をしておけば、うまくいくはず」「情報が網羅されれば、正解が導き出せるはず」と信じているようです。

しかし、どのような仕事もリアルタイムに変化していく以上、「100％完璧な状態」になることはありえません。にもかかわらず「完璧な状態」を目指して、あれもこれもと時間と労力を割いてしまうと、先に進めなくなってしまいます。

そこで必要になるのが**「今ある情報だけで結論を仮置きして進めて、後から軌道修正をする」という仮説思考の考え方**です。

●結論を仮置きしないと、工程が増える

たとえば、商品の売上が下がっていて、何らかの対策を考え

なければならない局面を考えてみましょう。

今、手元にある情報は「ライバル商品が値引きキャンペーンを仕掛けてきた」ことだけだとします。

この例の場合、主に注目すべきファクターは「客数」「客単価」「新規顧客」「既存顧客」の増減ということになるでしょう。そして結論を仮置きせずに網羅的に進めようとすると、次のように５つのステップが必要になります。

ステップ1：「新規顧客の客数が減少していないか？」を確認する

ステップ2：「新規顧客の客単価が下がっていないか？」を確認する

ステップ3：「既存顧客の客数が減少していないか？」を確認する

ステップ4：「既存顧客の客単価が減少していないか？」を確認する

ステップ5：新規の顧客数を増やすためのアクションプランを考える

●結論を仮置きすると、工程が減る

段取りはステップが増えれば増えるほど「情報が集まるまでの待ち時間」や「段取りの所要時間」が増えてしまうため、業務の生産性を下げてしまいます。

一方で「今ある情報だけで結論を仮置きして進める」ことができれば、次の3つのステップですみます。

ステップ1：今ある情報を基に「客数」に焦点を絞り、「客数が減少」のみを確認する
ステップ2：今ある情報を基に「新規顧客」に焦点を絞り、「新規顧客の客数の減少」のみを確認する
ステップ3：新規の顧客数を増やすためのアクションプランを考える

このように、今ある情報を基に結論を仮置きして進めることで、段取りのスピードは劇的に速くなります（図12）。

●仮説が間違っていても軌道修正は容易にできる

今回の例のように、たとえ4つのファクター（「客数」「客単価」

図12　結論を仮置きして進める

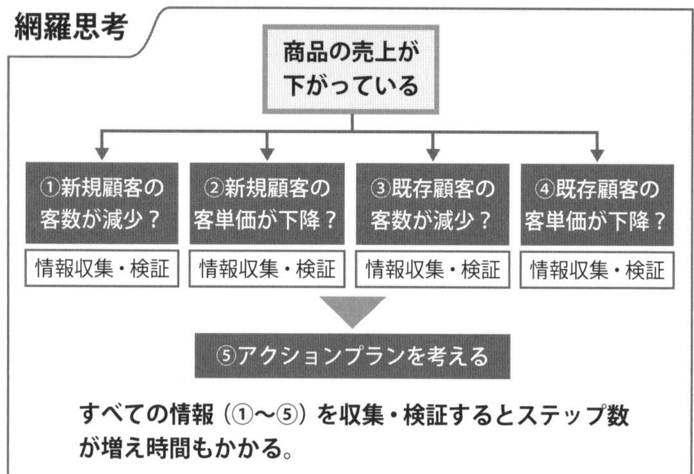

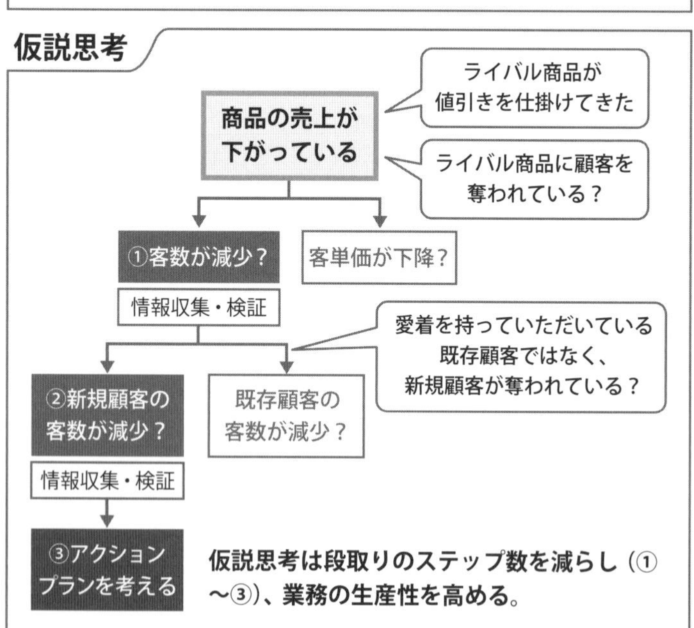

「新規顧客」「既存顧客」）があったとしても、**今ある情報を元に仮説を立て、絞り込んでいくことができれば、情報収集が素早くなり、作業の着手も早めることができます。**

また、いきなり4つを絨毯爆撃的に検証するよりも、短い時間で答えにたどり着くことができます。

もし仮説が間違っていたとしても、別の仮説を立てて2個目、3個目を検証して軌道修正していけば、最初から4つの可能性を網羅的に検証するより、はるかに段取りのスピードは速くなるのです。

hack 12 のまとめ

◎ 段取りは、今ある情報だけで結論を仮置きして進めて、後から軌道修正するほうがスピードは速くなる。

hack 13 最終形→仕掛かり状態

中途半端な状態で確認していく

😣上司やクライアントにちゃぶ台返しされることが多い。
😣上司が忙しそうで、なかなか相談できない。

期限ギリギリになって資料を提出したら、上司から「思っていたのと違う」と指摘され、やり直しを命じられてしまった。そんな経験をした人はたくさんいるでしょう。

コミュニケーションを面倒に感じる人ほど「途中で上司からあれこれ指摘されるのはイヤだ」「余計な仕事が増えるのは面倒」と考え、途中経過を報告せずにいきなり100%の完成形を目指そうとしてしまいます。

しかし、完成形のイメージが上司の考え方とずれていたら、締切りギリギリになって大きなやり直しが発生します。「思い込みのまま突っ走って自滅する」ことほど、誰にとっても不幸なことはありません。

このような事態を防ぐためには、いきなり100%の完成形を目指すのではなく「10%できた段階」「30%できた段階」「50%

図13 段階を区切って小刻みに上司に確認する

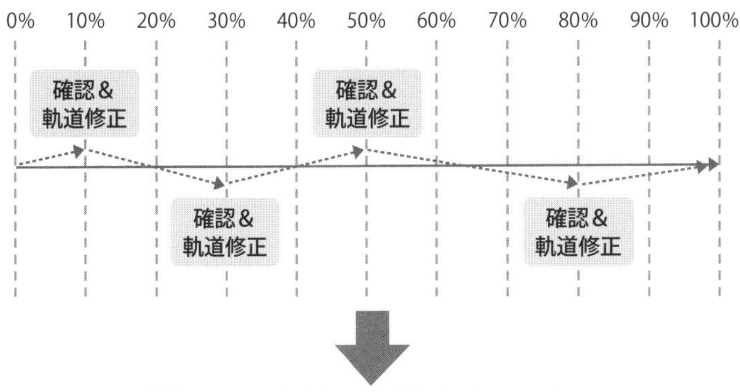

進捗ごとに小刻みに確認を取ることで
終盤の「ちゃぶ台返し」をなくす。

できた段階」など、**段階を区切ったうえで、小刻みに上司に確認してもらう習慣をつけること**です。

10%の状態で一度確認してもらえれば、方向性が間違っていたとしても時間のロスは10%ですみます。まだ残りの時間は90%も残っているわけですから、いくらでもリカバリーは可能でしょう（図13）。

「途中で上司からあれこれ指摘されるのはイヤだ」という気持ちはわかりますが、結果的に「初めからやり直し」という大きな手戻りリスクを防ぐことができます。

その際に、気をつけてもらいたいポイントは3つあります。

Contents

ポイント1：事前に上司に断りを入れておく

ポイント２：確認の際に、所要時間を伝える
ポイント３：結論の仮説を伝える

ポイント１：事前に上司に断りを入れておく

たとえば、上司に作業計画を見せながら、「①現状把握、②課題抽出、③解決策立案、④期待効果の算出の各段階で、進捗を確認してもらっていいですか？」などと、タイミングも含めて伝えておくのです。

確認してもらう側からすると、「何回も確認してもらうのは申し訳ない」「上司はいつも忙しそうで話しかけづらい」などと、引け目を感じてしまうものです。

しかし、着手段階であらかじめ「確認してほしい段階とタイミング」を伝えておくと上司も心構えができるので、確認をお願いした際に「ああ、あの話ね」とスムーズに確認してもらいやすくなります。

ポイント２：確認の際に、所要時間を伝える

２つ目は、声掛けの際に「５分だけいいですか？」など、所要時間を伝えることです。

上司は必要な時間がわかるので話を聞く態勢が整います。

ポイント3：結論の仮説を伝える

3つ目のポイントは、**進捗確認のタイミングごとに「結論の仮説」を上司に伝えておくこと**です。

上司も人間ですから、必ずしも最初から「完成形のイメージ」を持っているとは限りません。よって、なるべく早い段階で「結論はこうなる可能性が高いです」「こういう結論に持っていこうと思います」などと、「結論の仮説」を上司に伝えておくと、完成形のイメージを持てていなかった上司も、「その結論はありか、なしか？」を考えることができます。

すると徐々に上司のイメージが固まっていくので「ギリギリになって、ちゃぶ台返しされる」という状態を防ぐことができます。

hack 13 のまとめ

- ◎ いきなり100%の完成形を目指さずに、途中で上司の確認を取る習慣をつける。
- ◎ 作業の着手前に「確認してもらいたい段階とタイミング」を伝えておく。
- ◎ 上司に進捗を確認してもらう際には「3分だけいいですか？」など所要時間を伝える。
- ◎ 上司と完成形のイメージを共有するために「結論の仮説」を伝えておく。

hack 14

なる早→締切り設定

お尻を決めることで、自分を動かす

☹ 作業が締切りギリギリになってしまう。
☹ 期限があいまいな仕事は、取り掛かるのが億劫。

「特に期限は決まっていないし、ゆっくり進めればいいか」
　そう楽観的に構えていたら時間が過ぎてしまい、忘れた頃に「あの件、どうなった？」と上司に聞かれてあわててしまった。「あるある」のシチュエーションですね。
　こうなると、本来、時間をかけられたはずの作業を短時間でやらざるをえないわけですから、成果の質も怪しくなってしまうでしょう。
　このような「先延ばし」を防ぐためには、次の２つがポイントになります。

Contents

ポイント1：たとえ期限がない仕事でも、自分なりの締切りを設定する
ポイント2：設定した締切りを相手に伝える

●ポイント1：たとえ期限がない仕事でも、自分なりの締切りを設定する

あなたは過去に「明日、顧客に提出予定の提案書がまだ完成していない」などの状態に陥り、猛烈な集中力を発揮させて完成させた経験はないでしょうか？

このように、人はいったん「締切り」を設定すると、集中せざるをえない状況に追い込まれます。

よく「自分は追い込まれないとできない」という人がいますが、これは逆を言えば「追い込まれたらできる」ということでもあります。

脳科学の知見では、**人は締切りを設けることで集中力が高まる**そうです。

よって、たとえ期限が決められていない仕事でも、自分なりの締切りを設定しておけば、時間の強制力を利用して「仕事の先延ばし」を防ぐことができます。

●ポイント2：設定した締切りを相手に伝える

筆者は決して意志力が強いほうではないのですが、だからこそ仕事の期限を自分で決め、相手に伝えるようにしています。そうすることで、自分に対して「約束を破れない」「迷惑をかけられない」という適度なプレッシャーを与えることができ、

段取りを進めるモチベーションに変えることができるからです。

さらにメリットは、もう１つあります。

あなたはこれまで「なる早でお願いします」という仕事の頼まれ方をしたことはないでしょうか？

この「なる早」はかなりの曲者で、**相手にとっての「なる早」と、自分にとっての「なる早」の感覚が異なる場合があります**。自分にとっては「なる早＝今週中」でも、相手にとっては「なる早＝今日中」かもしれないのです。

したがって、「自分なりに設定した締切り」を相手に伝えることができれば、お互いの締切り感覚のズレを防ぐことができます。

先ほどのケースの場合では、「期限は１週間後でいいですか？」と伝えれば、相手からは「いや、ラフなものでいいから今日中に欲しいんだけど……」など締切り感覚をすり合わせることができるようになるので、すれ違いを避けることができます。

hack 14 のまとめ

◎ 自分で締切りを設定すれば、集中力が高まり、段取りがスムーズになる。

◎ 自分で設定した締切りを相手に伝えることで、段取りを進めるモチベーションが高まるとともに、締切り感覚のズレを防ぐことができる。

hack

第3章
「コミュニケーション」の生産性を上げる

hack 15 伝える側→受け取る側

相手に合わせて伝え方を変える

😣言ったはずなのに、伝わっていなかった。
😣伝えたはずなのに、動いてくれない。

上記のようにコミュニケーションにズレが生まれると、仕事やプロジェクトの終盤になって「作業の抜け漏れ」が明らかになり、「言った・言わない」でバタバタするということが頻繁に起こるようになります。

では、なぜ「言ったはずなのに、伝わっていない」という状況が起こるのでしょうか？　まずは次の文章をご覧ください。

> 御社のリソースとケイパビリティをベースにしながら、カスタマーのパーセプションとインサイトにフォーカスし、強いエンゲージメントを引き出していくのがマストだと考えます。まずはそのエビデンスのシェアからスタートさせていただきます。

いかがでしょう？　パッと直感的には理解できなかったのではないでしょうか？　筆者はこれまでのキャリア的に、比較的横文字には慣れているほうです。それでもこの文章はそうとう頭を働かせないと、入ってきません。文章ですらそうなのですから、これが口頭の言葉だったらなおさらです。

リモートワーク時代のコミュニケーションはTV会議やチャットがメインになりますから、頻繁に顔を合わせて様子を伺うのは難しくなります。つまり「あうんの呼吸」や「まあ、わかってよ」では伝わらない時代なのです。

オフィスであれリモートであれ、相手に対して何かを説明するとき、主役になるのは「言葉」でしょう。しかし、言葉はいったん発せられると「伝える側」の手を離れて、その解釈は「受け取る側」の理解力に委(ゆだ)ねられます。

このギャップこそが「言ったはずなのに、伝わっていない」という状態を引き起こしてしまうのです。

そこで必要なのが、**「自分」ではなく「相手」から逆算して「伝え方」を工夫することです**です。そのためのポイントは次の3つです。

Contents

ポイント1：相手にとってわかりやすい言葉を選ぶ

ポイント2：相手にとってわかりやすい説明の順番を考える

ポイント3：相手の頭を整理しながら伝える

ポイント１：相手にとってわかりやすい言葉を選ぶ

先ほどの例を見れば、おわかりですね。相手にとってわかりやすい言葉を選ぶには、その前提として相手の知識レベルを把握しておく必要があります。

たとえば、「業界知識」「業務知識（たとえば会計という業務の知識、など）」「専門用語の知識」などです。

特に若い人ほど「自分は専門家である」という「専門家感」を出したくなって、専門用語を多く使いがちです。しかし、説明の目的は「専門家感を出すこと」ではなく「相手にわかってもらい、動いてもらうこと」であることを肝に銘じておきたいところです。

もちろん、「相手の知識レベルがわからない」という場合もあるでしょう。その際は**「中学２年生でもわかるレベルで話す」ことを意識**してください。筆者が働く広告業界では、「広告のコピー（文章）は、中学２年生が理解できるレベルがちょうどよい」とされています。

ポイント２：相手にとってわかりやすい説明の順番を考える

人はつい「自分が考えた順番」で物事を話してしまうものです。しかし、目的は「相手に理解してもらい、相手を動かすこと」なのですから、相手から逆算して「相手が理解しやすい順

図15 **説明の順番を考える**

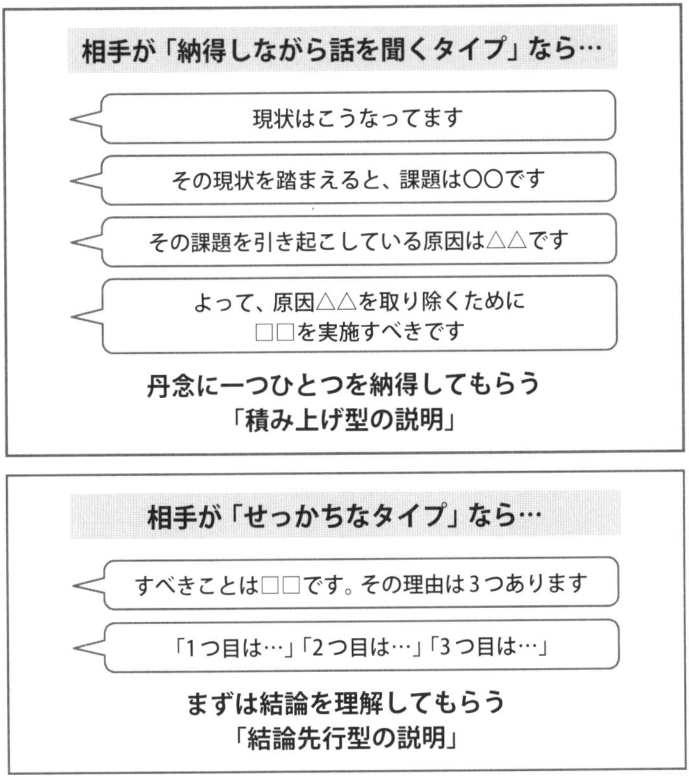

相手が「納得しながら話を聞くタイプ」なら…

現状はこうなってます

その現状を踏まえると、課題は○○です

その課題を引き起こしている原因は△△です

よって、原因△△を取り除くために
□□を実施すべきです

丹念に一つひとつを納得してもらう
「積み上げ型の説明」

相手が「せっかちなタイプ」なら…

すべきことは□□です。その理由は3つあります

「1つ目は…」「2つ目は…」「3つ目は…」

まずは結論を理解してもらう
「結論先行型の説明」

番」を考えておく必要があります（図15）。

相手が「一つひとつ納得しながら話を聞くタイプ」なら、現状の課題を説明して、その課題の原因を取り除く解決策の効果を……というように、丹念に積み上げ型の説明をするとわかりやすいかもしれません。

また、相手が「結論を先に知りたいせっかちなタイプ」なら「すべきことは○○です」「その理由は3つありまして……」「1つ目は……」「2つ目は……」「3つ目は……」という結論先行型の説明がわかりやすいのかもしれません。

相手のタイプや性格によって、「わかりやすい話の順番」は変わります。「相手はどんなタイプなのか？」を見極めて、説明の順番を変えるようにしましょう。

ポイント3：相手の頭を整理しながら伝える

当たり前のことですが、相手はあなたから説明されるまで、説明の中身をわかっていません（そもそもわかっていたら、説明の必要はありません）。相手の頭の中が「まったく白紙の状態」から「相手に動いてもらうレベル」に持っていくには、こちらが頭の中で整理したことを、相手にも理解してもらわなくてはなりません。

その際に役に立つのが、**「指し示す枕詞（まくらことば）」をうまく使うこと**です。「指し示す枕詞」とは、たとえば次のようなものです。

> 「まずはこのプロジェクトの背景についてですが……」
> 「続いて現状課題についてですが……」

> 「その課題を引き起こしている原因についてですが……」
> 「原因を取り除く解決策についてですが……」

このように、内容を伝える前に「何について話すのか？」を挟み込んでいくのが「指し示す枕詞」です。逐一「○○についてですが……」と挟み込んでいくと、相手は「次は○○について話すんだな」と頭の中で整理ができるので、より理解してもらいやすくなります。

また、重要な核心部分については、「ここは非常に重要なポイントなのですが……」という枕詞を挟みこんでいくと、相手は「これから重要な核心を話すんだな」と心構えをしてくれるので、重要な部分を漏らさずに伝えられるようになります。

hack 15 のまとめ

◎説明は、相手から逆算して考える。
◎相手の立場に立って「言葉選び」をする。
◎相手の立場に立った「説明の順番」を組み立てる。
◎「指し示す枕詞」で、相手の頭を整理しながら話す。

hack 16

描写する→要点を話す

相手のニーズに応える報告

☹「何が言いたいのかわからない」と言われる。
☹ 報告がわかりづらいと言われる。

一生懸命説明しているはずなのに「話が長い」「結局、何が言いたいのかわからない」と言われてしまったことはありませんか？

まずはその原因を理解するために、上司から「プレゼン、どうだった？」と質問されたシーンを想定して、次の文章を読んでみてください。

> プレゼンの相手は10名いました。その中の1人が、決裁権を持っている部長でした。まずは、導入部分を説明したところ、部長はうんうんと頷(うなず)いていました。さらに商品のメリットを説明したところ、こちらも部長は頷きながらメモを取っていました。どんな内容のメモを取っていたかは、自分からは見えなかったです。そしてひと通り説明を終えた後、質疑の時間になりま

> した。部長からは、○○という質問や、△△という質問など、導入に向けた具体的な質問がでました。その質問に対して私のほうからは……。

一方で、次のような答え方はどうでしょうか？

> プレゼンは好感触でした。なぜなら部長によく理解していただき、導入を前提とした複数の質問が出たからです。

どちらが簡潔で、要点が明確な答えになっているかは、もうおわかりのはずです。

話が長くなってしまったり、まとまりのない話をしてしまうのは、見たことや聞いたことを、そのまま「描写」して話してしまうことが原因です。別の言い方をすれば、説明が「事実の羅列」になってしまっているのです。

ビジネスの世界ではよく「結論から話せ」と言われますが、**見たこと聞いたことをそのまま「描写」してしまうと、その大半が結論に至るまでの「経緯」の話になってしまいます**。その結果、なかなか結論に至らずに「話が長い」「何が言いたいのかわからない」という状態になってしまうのです。

さらに悪いことに、「描写」で説明してしまうクセがある人は「わかりにくい」と言われると「もっと正確に伝えなくては」「もっと具体的に伝えなくては」と考え、より一層細かく「描写」

して話すという悪循環に陥ってしまうのです。

このような状況に陥ることが多いなら、次の２つを意識してください。

Contents

ポイント１：「自分が話したいこと」ではなく「相手が聞きたいこと」を考える

ポイント２：「結論と根拠」をセットで話す

●ポイント１：「自分が話したいこと」ではなく「相手が聞きたいこと」を考える

先ほどの例でいえば、「プレゼン、どうだった？」と尋ねてきた上司が聞きたかったのは「プレゼンがうまくいったのかどうか」です。このことに思いが至れば、伝えるべき内容は「プレゼンの感触」だということがわかるはずです。

「プレゼン相手が10名いたこと」や「メモの内容が見えなかったこと」は、伝えなくてもいい余計な情報であることもわかるはず。

このように、**説明する前に「相手は何を聞きたがっているのか？」を考える習慣が持てれば「描写」から卒業し、物事を端的に伝えられるようになります。**

ポイント2：「結論と根拠」をセットで話す

「プレゼン、どうだった？」に対して、「好感触でした。以上です」だけでは、聞き手からは「なぜそう言えるのか？」という疑問が残り、納得感が得られません。今度は話が短すぎるのです。

「好感触だった」と思ったのは、そう思えるだけの理由があるはずです。その「理由」を漠然としたままにせずに言語化し、根拠として添えることで初めて、結論に説得力が生まれます。

たとえば先ほどの例の場合では、

> **結論：**プレゼンは好感触だった
> **根拠1：**なぜなら、部長は頷きながらメモを取っており、よく理解していただけたから
> **根拠2：**なぜなら、導入に向けた複数の具体的な質問が出たから

というように整理して話せば、端的で、かつ説得力のある説明になるはずです。

hack 16 のまとめ

◎「相手が聞きたいこと」を理解し、描写ではなく「要点」を話す。

◎「結論と根拠」をセットで伝えて納得感をつくる。

hack 17

結論を話す → 前提を揃える

話を噛み合わせる4つの前提の共有

☹ 論理的に話しているつもりなのに相手が理解・納得しない。
☹ 議論が平行線をたどってしまい、結論に至らない。

よく、「ビジネスでは、論理的に話をするべき」と言われます。しかし論理的に話をしているはずなのに「なぜか話が噛(か)み合わない」「相手に理解してもらえない」という経験をしたことはないでしょうか？

思い当たる節があるなら**「そもそもの話の前提がズレている」ことを疑ってみてください。**

物事を伝えるには、必ず相手がいます。しかし自分と相手が置いている前提がズレていると「そもそも論が違っていた」という状態になり、すれ違いが起きてしまいます。

さらに「前提がズレている」ことに気がつかないまま「なんとかして、わかってもらおう」と論理を固めていけばいくほど、話が長くなってしまいます。その結果、「何を言っているのかますますわからない」「何を伝えたいかがわからない」という状態に陥ってしまうのです。

わかりやすく理解するために、例を使って解説しましょう。「売上向上プロジェクト」での会議のシーンを想像してみてください。

あるメンバーが「自社の営業活動はうまくいっている」という前提で考えていれば、会議での発言は「さらに成長を加速させるには？」という視点で攻めの発言が多くなるでしょう。

しかし、別のメンバーの置いている前提が「自社の営業活動はうまくいっていない」だとしたら、「うまくいっていない根本原因を把握する」ための発言が多くなるはずです。

このように、それぞれのメンバーが置いている前提が異なると、論理は正しくても意見は延々と噛み合わないということが起きます。そして互いが主張を譲らないまま、議論が平行線をたどってしまうのです（図 17）。

それを防ぐためには、事前に前提をすり合わせる必要があります。特にすり合わせておきたい前提は、次の 4 つです。

Contents

ポイント 1：現状認識

ポイント 2：視点

ポイント 3：話のレベル感

ポイント 4：時間軸

図17 前提を揃える

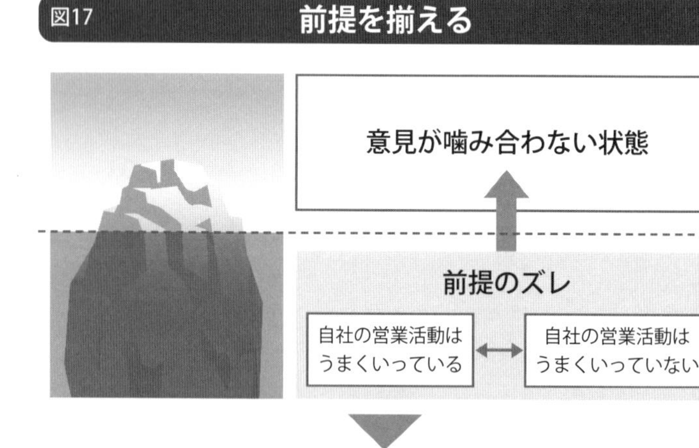

ポイント１：現状認識

たとえば、「売上目標10億円達成するには？」という議論の論点は、現在の売上高推移が上昇基調なのか？　それとも下降基調なのか？　という現状認識によって変わります。

もし売上高が上昇基調なら「この流れを加速させるには？」が論点になりますが、もし下降基調なら「なぜ売上が落ちているのか？」という原因究明が論点となるでしょう。

このように、たとえ「売上目標10億円達成するには？」という目的は同じでも、現状認識をすり合わせておかないと、互いの論点がズレてしまいます。

●ポイント2：視点

たとえば、クレーム処理について考えてみましょう。

現場の視点に立てば「クレーム＝迅速に処理すべきもの」という前提で物事を考えるはずです。しかしマネジメントの視点に立てば「クレーム＝商品を改良するための重要な情報」という前提で物事を考えるかもしれません。

このように、同じ「クレーム」でも「どのような視点でとらえるか？」を事前にすり合わせておかないと、やはり論点は噛み合わなくなってしまうので注意が必要です。

●ポイント3：話のレベル感

誰かと話をするときに、「新商品の開発について」「売上目標について」「営業活動について」などの「話のテーマ」についてはあらかじめすり合わせているはずです。

しかし「話のレベル」は盲点になりやすいので注意が必要です。たとえ同じテーマの話でも、「大きな方針の話をするのか？それとも足元の具体策の話をするのか？」など、話の「レベル感」によって論点は異なります。

「新商品開発」の話をする際に「狙うべき市場」や「狙うべき

ターゲット」など、大きな戦略レベルの話をする人がいる一方で、個別の販促資材のデザインといった作業レベルの話を持ち出す人がいると、話のレベル感が合わずに議論は噛み合わなくなります。

このように「レベル感」を押さえないコミュニケーションはお互いのズレを生むのです。

ポイント4：時間軸

最後の4つ目は「時間軸」を揃えておくことです。「なかなか議論が噛み合わない」という局面でとりわけ多いのが「それぞれが念頭に置いている時間軸がバラバラ」であることです。

あるメンバーは長期的な課題について問題提起をしているものの、あるメンバーは日々の現場課題の発言に終始する、などが典型です。それぞれのメンバーが念頭に置いている時間軸がバラバラだと、議論は噛み合わなくなってしまうのです。

hack 17 のまとめ

◎ 論理や結論が正しくても「置いている前提」がズレていれば、話は噛み合わなくなる。

◎ 事前に「現状認識」「視点」「話のレベル感」「時間軸」を揃えると、コミュニケーションがスムーズになる。

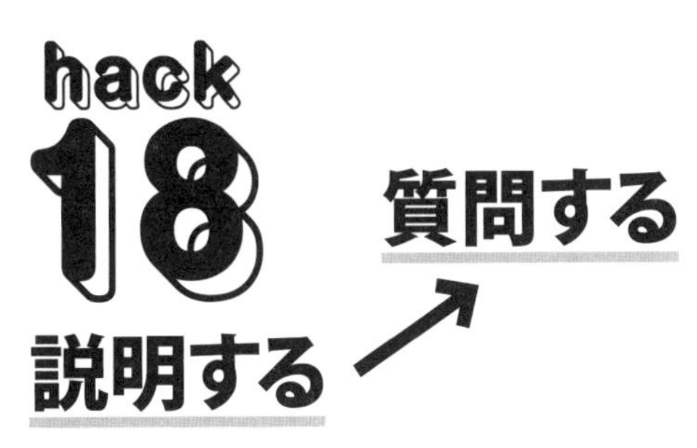

聞くことで会話の主導権を握る

😣「話が長い」と言われてしまう。

😣相手がなかなか話してくれない。

多くのビジネスパーソンは「わかってもらいたい」「理解してもらいたい」という気持ちが強すぎて、「つい話しすぎてしまう」というミスを犯しがちです。

しかし、**コミュニケーションの主導権を握っているのは、実は「話す側」ではなく「聞く側」**です。なぜなら、積極的に相手に話をしてもらったほうが、「相手の知識レベル」「相手の考え方」「相手の判断基準」などを把握でき、それに応じてこちら側の伝え方を変えていくことができるからです。

「話し上手は聞き上手」という言葉がありますが、より良いコミュニケーションが成立するかどうかの鍵は「聞く側」が握っているのです。

その際に、大きな武器となるのが「質問力」です。「質問力」を身につけると、次の2つのメリットが得られます。

Contents

メリット１：相手の情報や考えを引き出すことができる

人は、質問されると瞬時に「思考のスイッチ」が入ります。したがって、質問する側は適切な質問を投げかけることで、あたかも相手の頭の中を遠隔操作するかのように思考のスイッチを入れ、情報を引き出すことが可能になります。

たとえば筆者は「と、言うと？」という質問を多く使うようにしています。「と、言うと？」を使うことで、相手の頭にスイッチが入って「背景」や「意図」の話をしてくれるので、それまで出ていない話を引き出す効果があるからです。言葉の多くは、発する人の考えの断片でしかなく、それだけでは相手の考えの全体像が見通せない場合があるのですが、「と、言うと？」は効果的な質問なのです。

他にも、「○○という条件を満たせば、△△ということでいいですか？」など、「仮定を置いた質問」をうまく使えば、より一層、相手のストライクゾーンを絞り込んでいくことが可能になります（図18）。

図18 **質問で情報を引き出す**

「というと？」	話の背景や意図を引き出すことができる
「具体的には？」	漠然とした発言内容を明確化できる
「なぜ？」	相手の発言の真の目的や根拠、理由を引き出すことができる
「ほかには？」	相手の思考を「それ以外」に向けることで「伝え忘れ」を防ぐことができる
「もしXXの場合は？」	相手の許容範囲やストライクゾーンを絞り込んでいくことができる

このように「適切な質問」をうまく使えば、自分が主導しながら相手の発言の真意を浮き彫りにし、より誤解のないコミュニケーションができるようになるのでおすすめです。

●メリット2：相手の自発性を引き出すことができる

適切な質問は、相手に考えてもらうきっかけをつくり、相手の考えを方向付ける力があります。

たとえば、もし誰かから「この作業は、いつまでにできそうですか？」と質問されれば、あなたの脳は自動的に「期限のことを考える」スイッチが入るはずです。その結果「○日までだったらできそうです」と答えるでしょう。この期限は、誰かから強制されたものではなく、「質問」を通してあなたが自発的に決めた期限です。

こうした「相手の意思」を促すうえで大きな力を発揮するのが「質問」です。適切な質問は相手の思考を促し「自分で気づいた」「自分で考えた」「自分で決めた」という状態をつくり出すことができます。

人は皆、誰かから強制されて物事を決めるのではなく、自らの意思で物事を決めたいと思っています。適切な質問は「相手の思考のスイッチ」を入れ、自発的な意思を引き出すこともできるのです。

hack 18 のまとめ

◎ 適切な質問は相手の考えの輪郭を明確にし、コミュニケーションをスムーズにする。

◎ 適切な質問は、相手の「思考のスイッチ」を入れ、自発的な答えを引き出すことができる。

hack 19 形容詞→数字

「曖昧」を潰すことで無駄を消す

😣期限までに連絡したつもりなのに、「遅い」と不満を言われた。
😣今日中にお願いしていた資料が、定時を過ぎても仕上がってこない。

「少し遅れます」

打ち合わせ相手からそんな連絡が来たら、あなたは何分くらいの遅れを想像するでしょうか？　筆者の場合は2、3分を想像しますが、人によっては5分の場合や10分の場合もあるでしょう。

言葉はさまざまな表現の仕方があって、その解釈が1つでないケースは少なくありません。そしてさまざまな解釈ができてしまうために、時に不毛な待ち時間を生んだり、余計な作業を発生させてしまうことがあります。

たとえば、商談中に電話がかかってきたため、電話の相手に「すぐに折り返します」と伝えて電話を切った場合をイメージしてください。あなたにとっての「すぐに」は30分後かもしれませんが、相手にとっての「すぐに」は5分後かもしれません。

図19　形容詞を数字に置き換えて伝える

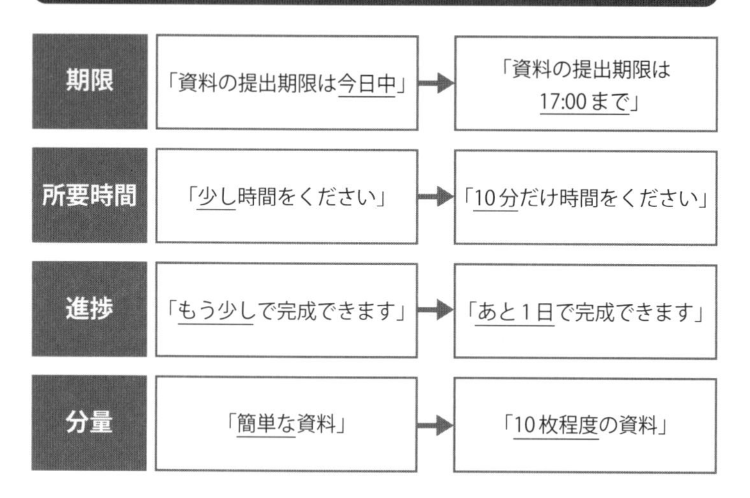

この場合、相手はなかなか電話がかかってこないことに、不満を募らせてしまうでしょう。

このように、**「すぐに」「早く」「急いで」「あと少し」「簡単な」などの形容詞・副詞は、人によって解釈の振れ幅が大きいために、誤解を生む温床になりがち**です。

そこで、ぜひ心がけてほしいのが「なるべく数字で伝える」ことです。

そうすれば、いらぬ誤解を防ぐことで生産性を高めることができます（図19）。

特に、数字で伝えることが有効なのは、次の４つです。

Contents

ポイント１：期限

ポイント 2：所要時間
ポイント 3：進捗
ポイント 4：分量

ポイント 1：期限

あなたが「資料の提出期限は今日中なので、よろしく」と相手に伝えたとしましょう。あなたは「就業時間が終了する 17 時まで」というつもりで伝えたとしても、相手は「今日の日付が変わる夜中の 24 時まで」と誤解しているかもしれません。

今後、リモートワークがさらに進むと「就業時間」という概念自体が希薄になっていきますから「数字で期限を確認する習慣」は重要性を増していくはずです。

ポイント 2：所要時間

上司に相談する際に「少し時間をください」と声をかけても、所要時間がわからなければ後回しにされ上司が相談に乗ってくれるまであなたの作業は止まってしまうかもしれません。

しかし「10 分だけ時間をください」と所要時間を伝えることができれば、上司からすれば「10 分ですむ軽い相談であること」が事前にわかるので、スキマ時間を見つけて相談に乗ってくれやすくなります。

ポイント３：進捗

上司から「あの資料、どこまで進んでる？」と進捗を聞かれたとしましょう。
「あと少しで、完成です」という返答は、誤解を生む元となるのは、もうおわかりいただけるはず。
このように「進捗」を伝える場合には「あと１日で完成できます」など数字に置き換えて説明すれば、無用な誤解を防ぐことができます。

ポイント４：分量

「簡単に資料をまとめといて」と誰かに頼まれた場合を考えてみましょう。あなたにとって「簡単な」は、「10枚程度の資料」かもしれませんが、頼んだ相手は「１枚程度の資料」を想像しているのかもしれません。こうした認識のズレが、９枚分の資料作成時間を無駄にします。
したがって、「簡単な」「少し」「たくさん」などの曖昧な表現で頼まれ事をした場合には、必ず数字で分量を確認するようにしましょう。

hack 19 のまとめ

◎形容詞・副詞は、誤解を避けるために、なるべく数字に置き換えて伝える。

◎数字で伝えることが有効なのは「期限」「所要時間」「進捗」「分量」。

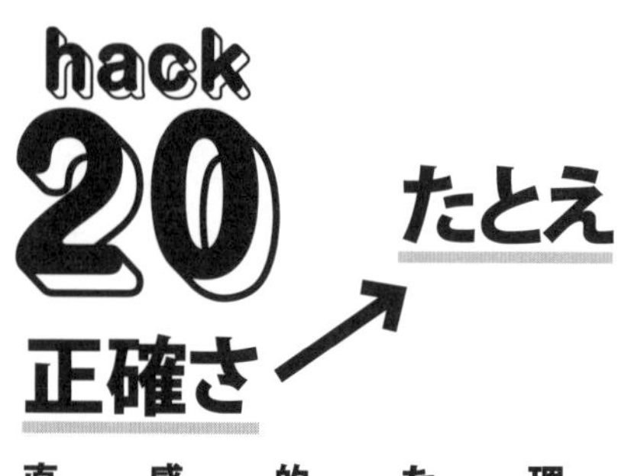

直感的な理解を促す

☹ 正確に情報を伝えているのに、相手の反応が薄い。
☹ 説明が難しいと言われる。

相手に「話がわかりづらい」と言われたとき、多くの場合「中身の詳細がわからない」ことが原因ではありません。「直感的にイメージできない」「腑に落ちない」ことが原因です。特に、数値がたくさん出てくる説明や、複雑な構造やロジックを説明する場合には「直感的にイメージできない」という状態になりやすいため、説明の仕方に工夫が必要です。

では、直感的にイメージしづらい物事をわかりやすく説明するには、どのような工夫をすればいいのでしょうか？

その工夫とは、「たとえ」を使って説明することです。

別の言い方をすれば、**直感的にイメージしづらい物事を、相手にとって身近なものに置き換えて説明する**こととも言えるでしょう（図20）。

特に次の4つの場面では「たとえ」を使うのが有効です。

図20 「例え」を使って説明する

規模感	「日本国内における1年間のビールの消費量は、東京ドームの約2杯分です」
構造	「戦略部門は我が社の頭脳、営業部門は我が社のエンジンです」
性質	「Aさんは、政治家のような人だ」
感覚	「ロジカルシンキングはバットの素振りのようなもの。感覚がつかめるまで繰り返すのが重要です」

Contents

ポイント1：規模感をイメージしてもらいたいとき

「日本国内における1年間のビールの消費量は266万5,915klです」と言われても、その規模感が自分の理解を超えているため、直感的にイメージしづらいと思います。

しかし、「266万5,915kl」を「東京ドームの容積」に置き換えて、

「東京ドームの約2杯分です」と説明されれば、その規模感が直感的にイメージできるようになるでしょう。

また、「ビジネス書の文字数の目安は、12万字です」といわれても数字が大きすぎてピンとこないかもしれませんが、「ビジネス書の文字数の目安は、400字詰め原稿用紙の300枚分です」と言われれば、リアルなイメージが伴って「結構な文字数が必要なんだな」と腹落ちできるはずです。

このように、人間の理解を超えた「量」や「規模感」を説明するときには、相手にとって身近なものに置き換えて説明することで、腹落ち感をつくることができます。

●ポイント2：構造をイメージしてもらいたいとき

たとえば、「自社の各部門の役割」を説明するときに、それぞれの業務分掌（ぶんしょう）を細かく説明していくとかえって細かくなりすぎて、それぞれの役割がわかりづらくなってしまいます。

そのようなときに、

「戦略部門は我が社の頭脳です」
「広報部門は我が社の顔です」
「営業部門は我が社のエンジンです」

など、たとえを使って説明されたほうが、直感的にわかりやすくなるでしょう。

●ポイント 3：性質をイメージしてもらいたいとき

通常、物事の性質を伝えるときは細かい描写が必要になるので説明が長くなりがちです。しかし、

「あの会社は、Googleのような会社だ」
「Aさんは、政治家のような人だ」
「この本は、マーケティングのバイブルのような本だ」

など、別のものに置き換えて説明すれば、細かい描写がなくても性質が伝わりやすくなります。

●ポイント 4：感覚をイメージしてもらいたいとき

「感覚」はロジックと異なり、なかなか言語化して説明するのが難しいものです。しかし「感覚」も、別のものに置き換えて、たとえを使って説明すれば直感的にイメージしてもらいやすくなります。

たとえば、「ロジカルシンキング（hack 40→215ページ）は、

勉強というより訓練が重要です」と説明しても、いまいち腹落ちせずに「ふーん」で終わりがちですが、

> 「ロジカルシンキングは素振りのようなもので、ヒットが打てる感覚がつかめるまで繰り返すのが重要です」

と説明すると「素振り」という誰もがわかりやすい物事に置き換えているので「感覚」をイメージしてもらいやすくなります。

*

以上のように「規模感」や「構造」、あるいは「性質」や「感覚」を直感的にイメージしてもらいたいときには、相手にとって身近なものに置き換えて話す「たとえ」が有効なので、ぜひ試してみてください。

hack 20 のまとめ

◎ 話がわかりづらい原因は「直感的にイメージできない」「腑に落ちない」こと。

◎ 相手に腹落ちしてもらうには、相手にとって身近なものに置き換えて説明するのが有効。

◎「規模感」「構造」「性質」「感覚」は、たとえを使うと直感的にイメージしてもらいやすくなる。

hack 21 反論する→傾聴する

「勝ち負け」から「対話」へ

😣 理路整然と説明したのに、相手が納得してくれなかった。
😣 納得できない意見に対して、つい感情的になって反論してしまう。

良かれと思って相手の意見に反論したら、感情的にこじれてしまい、信頼関係を失ってしまった……という経験は、少なからず誰にでもあるでしょう。

コミュニケーションが下手な人は、自分と異なる意見に直面したときに、反射的に反対意見を述べ「自分の主張の正しさを説得しにかかる」傾向が見られます。

特にロジカルシンキングを覚えたての「自称・論客」がこの罠（わな）に陥りやすいものです。

ロジカルシンキングは「論理」を盾にバッサバッサと切っていけるため、主張する側は痛快感を得やすいものです。しかし、時に鋭いナイフに似て、相手の気持ちもバッサバッサと切りつけてしまうため、**無用な感情のこじれや対立の構図を引き起こしてしまう**ことも少なくありません。

では、「自分と異なる意見」に対して、どのような態度を取ればいいのでしょうか？

Contents

ポイント１：いきなり反論せずに、意見を受け入れる

ポイント２：相手の良い面を探す

ポイント１：いきなり反論せずに、意見を受け入れる

自分なりの考えや信念を持つことは素晴らしいことですが、どんなに「自分の考えとは違う」「自分の信念とは違う」「的外れ」と思える意見でも、**いったんは「もし相手が正しいとしたら……」と前提を置いて考えてみましょう。**

「思い込み」や「決めつけ」は、自分の外側からやってくる新たな気づきを妨げ、自分自身を「狭い世界」に閉じ込めてしまいます。

しかし、自分の中にある常識や先入観をいったんは脇に置き、常にオープンな態度を持てれば、目の前の物事を別の角度からとらえられます。

そして、別の角度から物事をとらえることができれば、「自分の内側の世界」にはなかった新しい視点を得て、自分の世界を広げることができるようになります。

そのために、「自分が理解できない世界がある」と冷静に受

け入れて、その世界を理解する努力をしてみましょう。

ポイント２：相手の良い面を探す

コミュニケーションとは、勝ち負けではなく対話です。そしてコミュニケーションの目的は、対話を通してより良いアイデアを生み出すことです。

よって、もし相手の考えが自分と違ったとしても「いきなり真っ向から反論する」のではなく、相手の考えの良い部分を活かしながら、「より良いプランに磨き上げるにはどうしたらいいだろうか？」というスタンスを持ち続けましょう。

対話を通して互いに共感できれば、安心して本音を出し、深いやりとりができるようになります。

hack 21 のまとめ

◎ ロジカルシンキングは、使い方を間違えると無用な感情的な対立のもとになる。

◎ 常にオープンな態度を持てれば、新しい視点を獲得し、自分の世界を広げることができる。

hack

第4章 「資料作成」の生産性を上げる

hack 22 理解を促す→判断を促す

理解させるのではなく、判断させる

😣 言われた通りの資料を作成したのに、やり直しをさせられた。
😣 資料の内容が相手に伝わらずに、失敗した。

デスクワークが中心のビジネスパーソンにとって、資料作成は業務時間の中でも大きな割合を占める作業の1つです。会議資料・調査資料・報告資料・提案資料・稟議書（りんぎしょ）など、作成しなければならない資料は多岐にわたるはずです。

一方で、せっかく一生懸命まとめた資料も「読みにくい」「何が言いたいのかわからない」などと指摘を受けたり、つくり直しを命じられた経験は誰にでもあるはずです。

また、たとえアイデアが良くても、それを効果的に資料に落とし込めずに会議や商談、プレゼンに失敗し、生産性を落としてしまうのはよくあることです。

こうした状況に陥ることが多いなら、資料作成を始める前に、次の2つを意識してください。

Contents

ポイント1：「どのような判断に活かす資料なのか？」を確認する

資料作成の目的は、適切な示唆を提供し、何らかの判断に役立てることです。よって、事前に「どのような判断に活かす資料なのか？」を確認することは「何を書けばいいのか？」に影響を与えます。

たとえば、資料作成の依頼者から「先進企業の人事制度を資料にまとめといて」と依頼されたとします。言葉をそのまま受け取れば、作成した資料は「先進企業の人事制度を調べて、羅列したもの」になってしまうでしょう。

しかし、事前に「どのような判断に活かす資料なのか？」と依頼者に確認した場合、どうなるでしょうか？

もしかしたら依頼者の意図は「先進企業が取り入れている人事制度を自社にも取り入れるかどうかを判断するため」なのかもしれません。だとしたら、単に「先進企業の人事制度を羅列する」だけでなく、「先進企業が取り入れている人事制度のメリットとデメリット」も整理したほうが、判断に役立つ有益な資料になるでしょう。

また、「A市場についてまとめてくれ」と依頼された場合にも、「A市場に新規参入すべきか？　を判断するための資料」であることが確認できれば、「A市場の概要を羅列する」だけでなく「A市場の市場機会とリスク」も整理したほうが、判断に役立つ資料になるはずです。

ポイント２：「どのような場面で使う資料なのか？」を確認する

たとえば、直属の上司が経営会議で説明する資料なら、プロジェクターに投影して説明する必要があるのかもしれません。この場合、資料はパワーポイントでシンプルに作成し、細かい内容は別添資料としておいたほうがいいのかもしれません。

あるいは、部門内で回覧し、それぞれのメンバーの押印が必要な資料なら、ワード文書で作成したほうがいいかもしれません。

このように**「どのような場面で使う資料なのか？」は「どう書けばいいか？」に影響を与えます**。重要なことなので繰り返しますが、資料作成の目的は何らかの判断に役立てることです。よって、まずは「どのような判断に活かす資料なのか？」を確認したうえで「何を書くか？」「どう書くか？」を考えるようにしましょう。

hack 22 のまとめ

◎ 資料作成の目的は、適切な示唆を提供し判断に役立てること。

◎ 資料を作成する際には「どのような判断に活かす資料なのか？」「どのような場面で使う資料なのか？」を確認する。

hack 23 網羅する → 必要最小限

「判断」するための情報のみ集める

😣 情報収集に時間がかかりすぎる。
😣「調べろ」と言われたが、どこまで調べるべきか判断できない。

資料を作成する時間の多くは、「何かを調べる」という情報収集に費やされることが多いと思います。なぜならどのような仕事も「まずは現状を正確に把握する」ことから始まるからです。しかし、情報収集に時間をかけすぎて、締切りギリギリになったという経験をしたことはないでしょうか？

真面目で几帳面（きちょうめん）な人であればあるほど、「情報は多ければ多いほどよい」「情報は抜け漏れがないほうがいい」など、「情報を完璧に集めること」自体が目的になりがちです。

一般に情報収集は「情報収集」→「情報の整理」→「情報の解釈」→「物事の判断」という筋道をたどります。つまり**「情報収集」は「判断」の役に立って初めて価値を持つ**のです（図23）。

情報は「判断」のために集めるのであって「あれも、これも」と情報収集ばかりに時間を使っていては、本末転倒になってし

図23 情報収集は「判断」の役に立って初めて価値を持つ

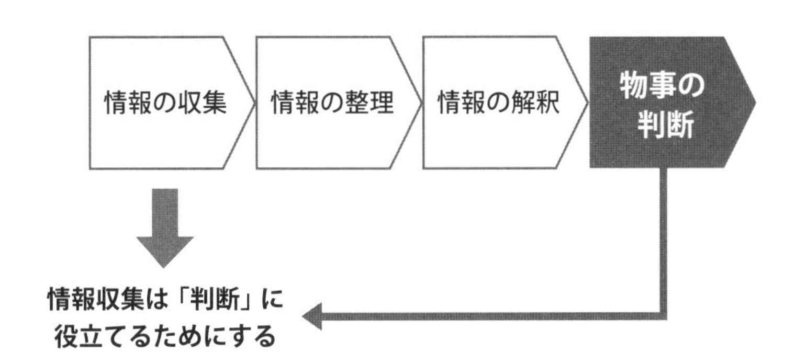

まいます。よって情報収集では、ぜひ次の習慣を身に付けてください。

「判断に役立つ必要最小限の情報は何か？」を見極める。

そのうえで、優先順位の高い情報から順番に集めていけば、はるかに少ない労力で「判断に役立つ」情報を収集することができるようになります。

そのために意識しておきたいポイントは次の２つです。

Contents

ポイント１：目的

ポイント２：仮説

ポイント１：目的

１つ目は**「情報収集の目的」を明確にすること**です。別の言葉でいえば「どのような判断に役立てるのか？」を事前に明確にしておくことともいえます。

それが明確になれば、「その判断に必要な情報は何か？」がわかるので、収集すべき情報がかなり絞れるようになります。

仮に「判断に必要な情報」が網羅的な情報の20％だとしたら、80％もの労力・時間を減らすことができるので、情報収集の生産性は飛躍的に高まります。

ポイント２：仮説

続いて２つ目は**「仮説」を明確にしておくこと**です。

たとえば、あなたが居酒屋チェーンのマーケティング担当者で「新しい居酒屋の業態を開発するために情報収集をする」というお題があったとします。

確かに「新しい居酒屋の業態を開発するため」という目的は明確ですが、これだけでは「どの範囲の情報を」「どのレベルまで」集めていいのか、まったく見当がつきません。その結果、やはり絨毯爆撃的な情報収集に陥ってしまう危険が高まってしまいます。

しかし、たとえば「オフィス街で働く女性をターゲットにした、働く女性限定の居酒屋はニーズがあるか？」という仮説があれば、情報収集の範囲を「オフィス街で働く女性」に限定できます。また情報収集のレベルも「ニーズがあるかどうか」に絞ることが可能です。

hack 23 のまとめ

◎ 情報は網羅的に集めない。「判断に役立つ必要最小限の情報」を収集する。

◎ 情報収集の前に「目的」と「仮説」を明確にすれば「判断に役立つ必要最小限の情報」を集めることができる。

hack 24 全部読み込む → 取捨選択する

使える情報かどうかの判断基準を持つ

☹ 資料をじっくり読んでいたら時間切れになった。
☹ 調べたつもりだったが、あとからヌケが見つかった。

集めた情報を「じっくり読み込んでいたら、いつの間にか時間が経ってしまった」という経験はないでしょうか？　あるいは「後になって、足りない情報があることに気づいてあわてた」という経験はどうでしょうか？

たとえ必要最小限の情報を効率よく集めたとしても、それらの情報の取捨選択に時間がかかっていては、本末転倒です。しかも、ずいぶん後になって「足りない情報が見つかった」ことが判明しても、そこからのリカバリーは難しくなってしまうでしょう。

よって、**一通りの情報収集を終えたら、いかに素早く「情報の取捨選択をするか？」が重要**になります。

情報の取捨選択をする際に、ぜひ実践してほしいのが、次の2つのステップです。

Contents

ステップ 1：いち早く使える情報の有無を確認する

一通りの情報が集まったらすべての情報を読み込む前に、**使える情報の有無を確認するのが大切**です。「使える情報」とは「仮説」の裏付けに役立つ情報のことを指します。

たとえば関連するレポートを読むときに、生産性が低い人は冒頭から読み始めてしまいます。しかし、もしそのレポートに使える情報が掲載されていなかった場合、それに気づくのはレポートを全部読み込んだ後になってしまい、たいへんな時間のロスになってしまいます。

したがって、まずはレポートの目次を見て、使える情報が掲載されていそうなページのみを確認するのが鉄則です。

また、情報収集をしていると「今回の仮説の裏付けには必要ないものの、自分の好奇心を刺激する面白い情報」が見つかることがあります。真面目で勉強熱心な人ほどそれらの情報を熱心に深追いしていきますが、こと「生産性」という観点からいえば、必ずしも重要とはいえない作業です。

ステップ２：情報の信憑性を評価する

収集した情報は、物事を判断するうえでの根拠になっていくので、**もし間違いがあれば判断をミスリードしてしまう**ことになります。特に、複数の情報が互いに矛盾していたり、あるいは直感的に疑わしいと感じられる場合には、入念な評価が必要です。

その際に、ぜひ意識しておきたい視点は、次の４つです。

視点 2-1：その情報は事実かどうか
視点 2-2：情報源は信頼できるか
視点 2-3：情報に偏りはないか
視点 2-4：情報に鮮度はあるか

視点2-1：その情報は事実かどうか

近年ではインターネットが発達し、必要な情報が手軽に入手しやすくなりました。しかしその反面、フェイクニュースと呼ばれるような、必ずしも事実ではない情報が簡単に駆け巡っていく時代です。

よって、「誰が発信元なのか」がわからないような情報は虚偽の可能性を想定して、複数の情報源から事実を確認する習慣を持っておきましょう。

視点2-2：情報源は信頼できるか

もし、仮説の裏付けに役立つ調査データが見つかったとしても、その情報源が「個人ブログが主催したアンケート」では、信憑性があるとは言えません。

情報源が社会的に信用されているかどうか？　は、意思決定者が安心して判断するうえで、おろそかにはできないポイントです。

視点2-3：情報に偏りはないか

たとえば、「今の20代の転職意向率は90%」というアンケートデータがあったとしても、転職サイトの会社が転職サイト登録者に対して実施したアンケートだったとしたら、調査主催者や調査対象者に偏りがあるため、信憑性のあるデータとは言えないでしょう。

データ分析の世界には「代表性」という言葉がありますが、「その情報は偏りなく全体を反映しているか？」を見抜くことは、情報の信憑性を評価するうえで必須の視点です。

視点2-4：情報に鮮度はあるか

仮に「リモートワークに関する実態調査」という調査結果があったとしましょう。しかし2019年と2020年以降では、新型コロナウイルスの流行により「リモートワークに関する実態」は大きく変わっているはずです。だとすれば、2019年以前の情報はまったく役に立たないことがおわかりいただけるでしょう。

公開されている統計データを使う場合も、時期が古すぎないか、更新されているデータがないかなどにも気を配る必要があります。

＊

このように、情報を収集したらまずは読み込む前に「使える情報の有無」を確認し、情報の「信憑性」を評価すれば、早い段階で「どの情報が足りないのか？」を明確にすることができます。

それが、足りない情報を探すタイミングを早め、「後になって、足りない情報があることに気づいてあわてた」という状態を防ぐことができます。

hack 24 のまとめ

◎ 情報が集まったら、すべての情報を読み込む前に使える情報の有無を確認する。

◎ 使える情報の有無を確認したら「情報の信憑性」を確認する。

◎ 早い段階で「どの情報が足りないのか？」を明確にすることで、足りない情報を探すタイミングを早め、情報収集の生産性を高めることができる。

「示唆」を引き出すための情報分析

😣 情報から何を見抜けばいいのかわからない。

😣 情報分析の視点がわからない。

単に事実やデータや並べただけでは、優れた資料とは言えません。すでにお伝えした通り（hack 22→122ページ、hack 23→126ページ）、資料を作成する目的は「判断に役立てること」ですから、**判断に役立つ「示唆」が示されていなければ、資料としての目的を果たしていない**のです。

さまざまな事実やデータから「示唆」を導き出すには、収集した情報の「分析」が必要です。しかし一口に「分析」といっても「何をどうすることなのか？」が理解できていなければ、大量の事実やデータを前に立ちすくんでしまうのはよくあることです。

優れた分析を行い、判断に役立つ示唆を導き出したいなら、次の4つのポイントを意識してください。

Contents

ポイント１：規模感をとらえる
ポイント２：流れをとらえる
ポイント３：全体と部分の構図をとらえる
ポイント４：全体と部分の因果関係をとらえる

ポイント１：規模感をとらえる

たとえば、あなたの目の前に「市場規模が１億円の市場」と「市場規模が1,000億円の市場」の２つの市場が存在したら、どちらにビジネスチャンスを感じるでしょうか？　恐らくは、後者でしょう。

このように「全体の規模感」は投資やコストなど「お金の規模感」に直結し、判断に大きな影響を及ぼすため、初めに押さえておきたいポイントです（図25-1）。

図25-1　**規模感をとらえる**

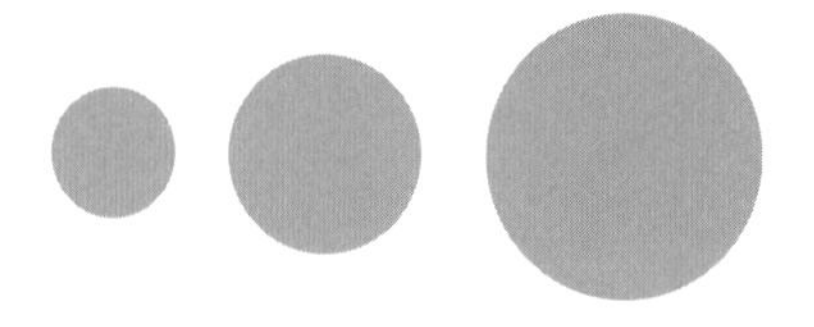

「全体の規模感」は投資やコストなど
「お金の規模感」に直結し、
ビジネスの 判断に大きな影響を及ぼす

ポイント 2：流れをとらえる

もし、「過去から現状に至る傾向」を分析することができれば、それらを手掛かりに大局をつかみ、将来の在り方に対する示唆を得ることができるようになります。

その際に注目したいのが、「規則性」です。規則性とは「繰り返し現れる変化のパターン」のことで、たとえば「長期トレンド」や「周期的な変動」などを指します。過去から現在までの流れの中で「繰り返し現れる変化のパターン」が発見できれば、次の変化のパターンを予測し、判断につなげる示唆を導き出すことができます。

また、「突出値」や「変曲点」も注目に値するポイントです。突出値とは、それまでの傾向から外れた突発的な傾向のことを指します。また変曲点とは、それまで一定の方向の傾向（右肩上がり／右肩下がりなど）があったにもかかわらず、その傾向を

図25-2 流れを捉とらえる

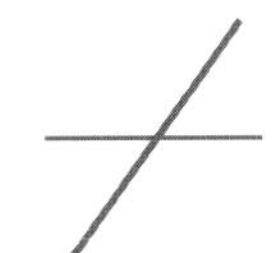
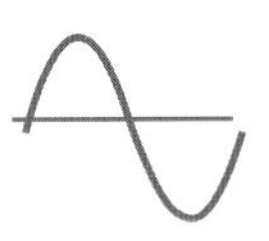
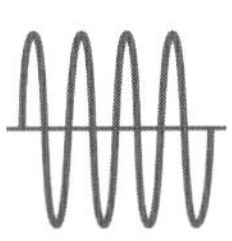

「過去から現状に至る傾向」を分析する ことができれば、
それらを手掛かりに 大局を掴み、
将来の在り方に対する示唆を 得ることができる

変化させた転換点・ターニングポイントのことです。

「突出値や変曲点が存在する」ということは、これまでとは異なる力学が働き始め、過去の常識とは異なる構造的な変化が起きていることを示唆しています。よって、何らかの突出値や変曲点に気づいた場合には、「その時期に何が起きたのか？」「どのような力学が働いたのか？」を解明することで、「その力学に照らした場合、今後はどうなりそうなのか？」という示唆を導き出すことができます（図 25-2）。

●ポイント３：全体と部分の構図をとらえる

たとえば、売上高は「販売個数×商品単価」に分解でき、販売個数は「顧客数×１顧客当たりの平均販売個数」に分解できます。すると、全体と部分の構図は次のように表すことができます。

図25-3 **全体と部分の構図をとらえる**

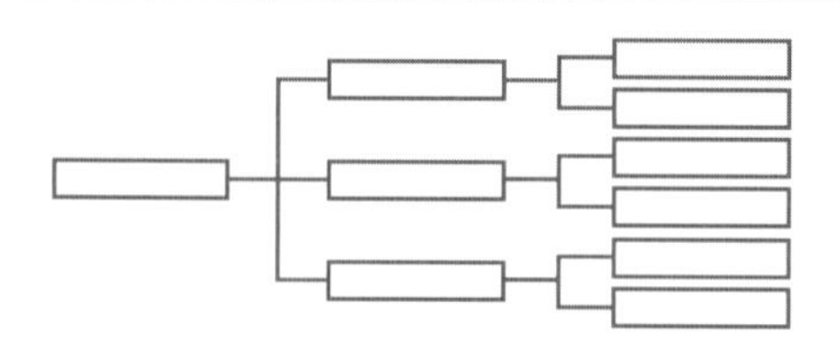

全体と部分の構図を正確にとらえ、
一つひとつ の構成要素を丁寧に吟味していくことが できれば、
判断に役立つ有益な示唆を導き出すことができる

> 売上高（全体）＝顧客数（部分）×１顧客当たり平均販売個数（部分）×商品単価（部分）

事実やデータは、さまざまな要素が複雑に絡み合っているため、全体を眺めているだけでは有効な示唆は生まれにくいものです。

しかし、全体と部分の構図を正確にとらえ、一つひとつの構成要素を丁寧に吟味していくことができれば、判断に役立つ有益な示唆を導き出すことができます（図 25-3）。

ポイント４：全体と部分の因果関係をとらえる

「因果関係」とは、片方の変化がもう片方の変化を引き起こす「原因と結果の関係」を指します。

もし因果関係が解明できれば、人為的に「原因」をつくることで「結果」を生じさせることができるようになります。

図25-4　全体と部分の因果関係をとらえる

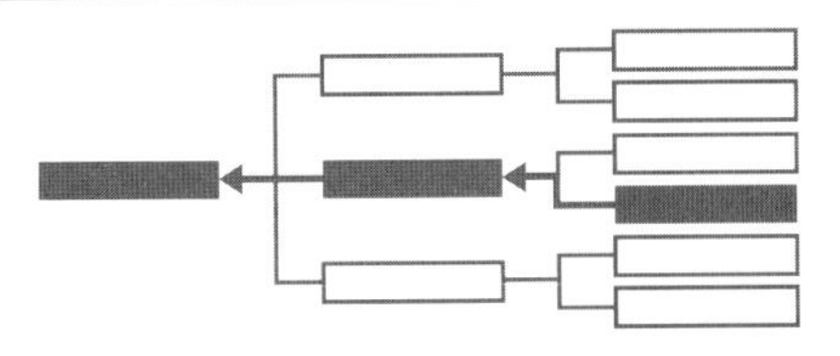

事実やデータの間にある因果関係を発見することができれば、
その因果関係を当てはめることで
判断に役立つ有益な示唆を導き出すことができる

逆に人為的に「原因」を消滅させることができれば、「良くない結果」を発生させないように問題解決に活かすことも可能になります。

事実やデータの背後にある因果関係を発見することができれば、その因果関係に事実を当てはめることで判断に役立つ有益な示唆を導き出すことができるのです（図25-4）。

hack 25のまとめ

◎ 優れた資料をつくるには、判断に役立つ示唆を得るための「分析」が必要になる。

◎ 事実やデータを分析する際には「規模感」「流れ」「全体と部分の構図」「全体と部分の因果関係」に着目すると、有益な示唆を導き出せる。

ページのつくりこみ → 全体の構成

ページよりも先に設計図づくり

☹ 膨大なページ数の資料になってしまう。
☹ 時間をかけたのに、支離滅裂な資料になってしまう。

行き当たりばったりで、先の見通しがないまま資料作成を進めると、1ページごとに「次は何を書けばいいか？」と立ち止まらざるをえなくなり、すぐに行き詰まってしまいます。

また、つい脱線して図形にこだわってしまったり、色を変えてみたくなったりなど、本筋から外れた枝葉の部分に目が行くと、生産性を大きく落としてしまいます。

そこで意識すべきなのは、**資料を書き始める前に「資料の全体構成」を考える**ことです。

別の言い方をすれば、資料全体の設計図をつくるのです。初めに設計図さえつくってしまえば、あとは設計図に沿って資料をつくっていくだけなので、横道にそれずにスムーズに進めることができるようになります。

それでは「資料全体の設計図」とは、どのようなものでしょうか？ 大きく分けて次の２つがあります。

Contents

ポイント１：資料の論理構成

ポイント２：資料のストーリー構成

ポイント１：資料の論理構成

「論理構成」とは、資料の中で展開する「結論と根拠」のことを指します。論理構成を考えないままいきなり資料作成に着手してしまうと、結論のないだらだらした資料になったり、根拠がない支離滅裂な資料になってしまいます。

資料の論理構成を考える場合には、「ピラミッドストラクチャー」というフレームワークを使うのが有効です。資料で伝えたい結論が「論理的に筋が通っている」と受け止めてもらうには、それを証明する複数の根拠が必要になります。

これを図で表現すると、結論を頂点として複数の根拠が下部に配置されるため、必然的にピラミッドのような形になります。これが「ピラミッドストラクチャー」です（図26）。

ただ単に事実やデータが並んでいるだけの資料には、ピラミッドストラクチャーの頂点に位置する結論がありません。逆に、自分の主張だけが描かれている資料には、ピラミッドストラクチャーの底辺に位置する根拠がありません。

フォレスト出版　愛読者カード

ご購読ありがとうございます。今後の出版物の資料とさせていただきますので、下記の設問にお答えください。ご協力をお願い申し上げます。

●ご購入図書名　「　　　　　　　　　　」

●お買い上げ書店名「　　　　　　　　　　」書店

●お買い求めの動機は?

1. 著者が好きだから　　2. タイトルが気に入って
3. 装丁がよかったから　　4. 人にすすめられて
5. 新聞・雑誌の広告で（掲載誌誌名　　　　　　）
6. その他（　　　　　　）

●ご購読されている新聞・雑誌・Webサイトは?

（　　　　　　　　　　）

●よく利用するSNSは?（複数回答可）

☐Facebook　☐Twitter　☐LINE　☐その他（　　　　）

●お読みになりたい著者、テーマ等を具体的にお聞かせください。

（　　　　　　　　　　）

●本書についてのご意見・ご感想をお聞かせください。

●ご意見・ご感想をWebサイト・広告等に掲載させていただいてもよろしいでしょうか?

☐YES　☐NO　☐匿名であればYES

郵便はがき

料金受取人払郵便

牛込局承認

1013

差出有効期限
令和3年5月
31日まで

162-8790

東京都新宿区揚場町2-18
白宝ビル5F

フォレスト出版株式会社
愛読者カード係

フリガナ お名前	年齢　　　歳 性別（ 男・女 ）
ご住所　〒 ☎　（　　　）　FAX　（　　　）	
ご職業	役職
ご勤務先または学校名	
Eメールアドレス メールによる新刊案内をお送り致します。ご希望されない場合は空欄のままで結構です。	

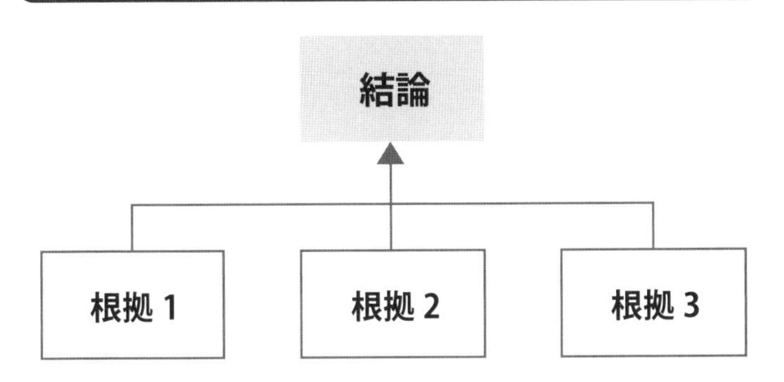

このように、ピラミッドストラクチャーを使うと、資料の中で描こうとしている論理構成を整理できるのでおすすめです。

ポイント 2：資料のストーリー構成

論理構成は「結論と根拠」もとに「筋が通ったロジック」を整理する話でしたが、あくまで「ロジックを整理する」作業であって、そのまま資料に落とせるわけではありません。

資料には必ず読み手がいるわけですから、いざ資料に落とすとなると「論理構成をどのような順番で伝えたら相手にとってわかりやすいのか？」を考える必要があります。これが「資料のストーリー構成」です。一般的な例を挙げると、次の通りです。

1 ページ目：課題　**2 ページ目：**原因
3 ページ目：解決策　**4 ページ目：**期待効果

5ページ目：スケジュール　　**6ページ目：**役割分担
7ページ目：費用

もし資料の読み手に「この資料の重要性」を理解してもらいたいなら、まずは「課題」を１ページ目に持ってくるのが適切でしょう。課題に対して根拠を示し、課題の重要性を認識してもらえれば、読み手は「真剣に読むべき資料だ」と判断し、続きに興味を持つはずです。

すると、２ページ目では「課題を引き起こしている原因」を分析したページが来るのが妥当です。なぜなら、どのような課題もその課題を引き起こしている原因があり、原因を取り除かない限り、根本的な解決には至らないからです。ここでも当然「なぜそれが原因だと言えるのか？」という根拠は必要です。

続いて３ページ目では「原因」を取り除くための「解決策」を伝え、４ページ目で「期待効果」を記載するのがわかりやすい流れでしょう。この場合「解決策」が結論で「期待効果」が根拠に当たります。

ここまで読んだ読み手は、次の関心ごととして「具体的にどう進めるのか？」という疑問を持つはずです。

そこで５ページ目で「スケジュール」を示して「いつまでに、どのようなステップで進めるのか」を理解してもらい、６ページ目で「役割分担」を示すことで担当責任を明確にし「組織的に実行可能であること」をわかってもらいます。そして最後の７ページ目で「費用」を示せば、後は判断を仰ぐだけです。

*

このように、ページをつくり込む前に「論理構成」と「ストーリー構成」を設計図として整理しておけば、無駄な回り道をせずに「論理的で」「わかりやすい順番の」資料をつくることができるようになります。

hack 26 のまとめ

◎ 資料作成は、ページをつくる前に「論理構成」と「ストーリー構成」を整理する。

◎ 論理構成は「結論」と「根拠」を整理する。

◎ ストーリー構成は、論理構成を読み手にとってわかりやすい順番に整理する。

hack 27

文章で書く → 図を描く

回りくどい内容を直感的に伝える

☹「文字が多すぎて読む気にならない」と言われる。
☹資料に入れる図が思いつかない。

資料作成には、多かれ少なかれ文章が必要ですが、それだけでは複雑な関係や構造を伝えるのには限界があります。

たとえば日本地図を見たことがない人に、文章のみで「千葉県の位置」を説明するケースを想像してみてください。不可能に近いことがわかります。

しかし、手元に日本地図があれば、話はストレートになります。日本地図を相手に示したうえで千葉県の位置を指し示せば、それで事が足りるからです。

このように、文章で説明すると回りくどくなることも、図を使えば複雑な関係や構造をわかりやすく表現し、直感的に理解してもらいやすくなります。

それでは、どのようなときに図解表現を選ぶべきでしょうか？　大きく分けると、次の４つです。

Contents

ポイント1：分類

1つ目は、情報を「分類」したいときです。

たとえば資料の中で商品ターゲットを説明する際に、まずは20代から60代の女性を10歳刻みで分類することを想定します。これを文章で表現しようとすると次の通りになります。

> 20代女性/30代女性/40代女性/50代女性/60代女性

ここまでなら、文章表現でも伝えることができるでしょう。

しかし、さらにそれぞれの年代の女性を、「品質重視派」「価格重視派」「デザイン重視派」に分類して商品ターゲットを説明しようとする場合、文章表現だとわかりづらいため、図解で表現して直感的に理解を促さなければなりません（図27-1）。

図27-1　情報を分類するときは図解表現が有効

文章表現

- 30代女性の品質重視派／30代女性の価格重視派／30代女性のデザイン重視派
- 40代女性の品質重視派／40代女性の価格重視派／40代女性のデザイン重視派
- 50代女性の品質重視派／50代女性の価格重視派／50代女性のデザイン重視派
- 60代女性の品質重視派／60代女性の価格重視派／60代女性のデザイン重視派

➡ この中から **40代女性の品質重視派／50代女性の品質重視派** をターゲットに設定

▼

図解表現

	品質重視派	価格重視派	デザイン重視派
20代女性			
30代女性			
40代女性	ターゲット		
50代女性	ターゲット		
60代女性			

ポイント２：比較

２つ目は、情報を「比較」したいときです。

たとえば、自社商品と競合商品Ａ、Ｂ、Ｃの認知率、購入経験率、購入意向率を比較したいときに、文章表現だと非常にわかりにくくなるはずです。なぜなら、文章だと各商品の状況が比較しづらいからです。比較の目的は「差」を明確にすることですから、何かと何かを比較したい場合は、比較表かグラフで表現するのが効果的です（図27-2）。

図27-2 情報の比較は図解やグラフでの表現が有効

文章表現

- 自社商品の　商品認知率は31%、購入経験率は 8%、購入意向率は 9%
- 競合商品Ａの商品認知率は54%、購入経験率は15%、購入意向率は17%
- 競合商品Ｂの商品認知率は28%、購入経験率は 7%、購入意向率は 5%
- 競合商品Ｃの商品認知率は21%、購入経験率は11%、購入意向率は13%

図解表現

	自社商品	競合商品A	競合商品B	競合商品C
商品認知率	31%	54%	28%	21%
購入経験率	8%	15%	7%	11%
購入意向率	9%	17%	5%	13%

グラフ表現

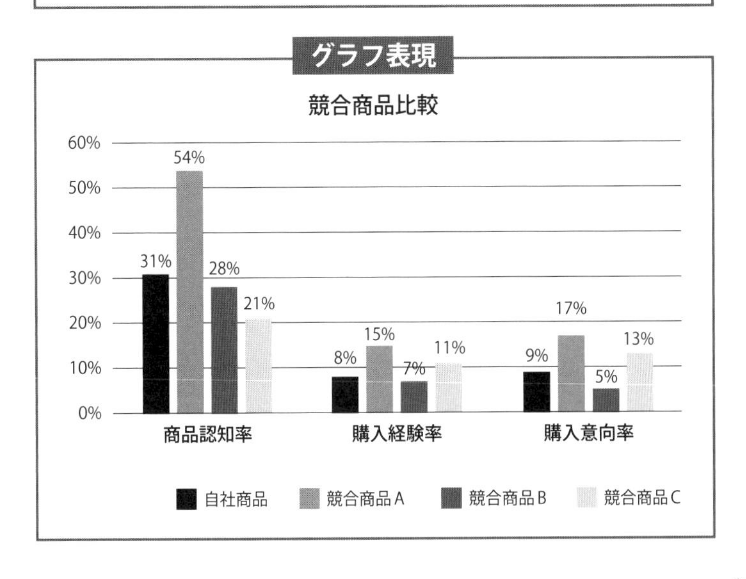

ポイント３：構造

３つ目は「構造」を理解してもらいたいときです。

たとえば、会社全体の売上が減少している原因を構造的に説明する際に、次のような文章表現だとずいぶん回りくどく感じるはずです。

- 会社全体の売上は、事業部Ａの売上、事業部Ｂの売上、事業部Ｃの売上の合計
- この中で、大きく売上が落ちているのは事業部Ａの売上
- 事業部Ｂの売上、事業部Ｃの売上は横ばい傾向
- 事業部Ａの売上は、商品Ａの売上、商品Ｂの売上、商品Ｃの売上の合計
- この中で、大きく売上が落ちているのは商品Ｂの売上
- 商品Ａの売上、商品Ｃの売上は横ばい傾向
- よって、会社全体の売上が減少している原因は、事業部Ａの商品Ａの売上の落ち込みが原因

このような「全体と部分の構造」をわかりやすく伝える場合にも、文章表現よりも図解が有効です（図27-3）。

図27-3 「全体と部分の構造」は図解表現が有効

文章表現

- 会社全体の売上は、事業部Ａの売上、事業部Ｂの売上、事業部Ｃの売上の合計
- この中で、大きく売上が落ちているのは事業部Ａの売上
- 事業部Ｂの売上、事業部Ｃの売上は横ばい傾向
- 事業部Ａの売上は、商品Ａの売上、商品Ｂの売上、商品Ｃの売上の合計
- この中で、大きく売上が落ちているのは商品Ｂの売上
- 商品Ａの売上、商品Ｃの売上は横ばい傾向

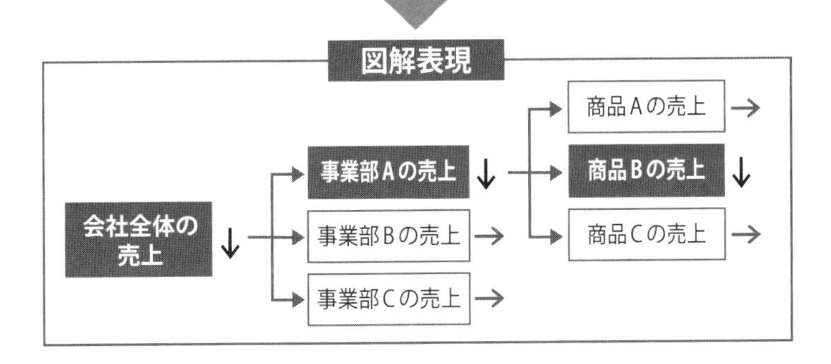

●ポイント４：段取り

４つ目は「段取り」を理解してもらいたいときです。

たとえば、新商品を開発・投入する段取りを、文章と図解で見比べてみましょう（図27-4）。

一見、文章表現でも段取りがわかりやすく整理されているように見えますが、文章では「同時並行」を表現することができません。

図27-4 段取りを理解してもらうときは図解表現が有効

文章表現

- STEP1：市場ニーズを把握する
- STEP2：競合動向を把握する
- STEP3：自社の強みを把握する
- STEP4：ターゲットを設定する
- STEP5：商品コンセプトを開発する
- STEP6：商品を開発する
- STEP7：営業活動を行う
- STEP8：広告宣伝活動を行う

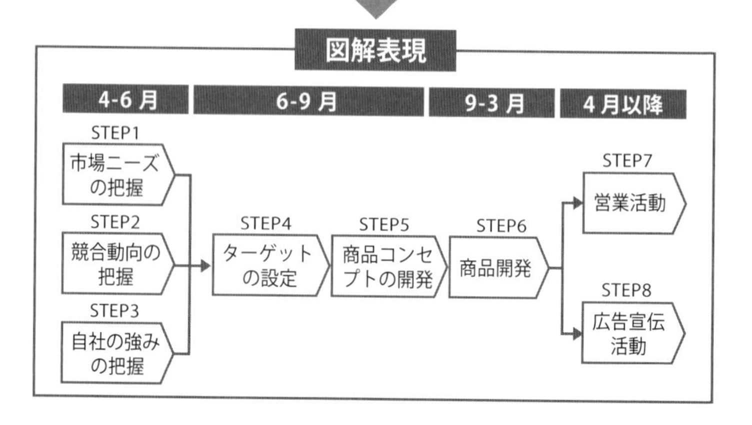

たとえば「STEP1：市場ニーズを把握する」「STEP2：競合動向を把握する」「STEP3：自社の強みを把握する」は、同時並行化が可能ですが、文章表現ではあたかも直列作業のように見えてしまいます。一方、文章では難しい同時並行の表現も、図解なら誤解のない形で表現することができます。

＊

以上のように、文章では伝えることが難しい関係や構造も、図解で表現することでわかりやすく伝えることができます。また、**図解表現は資料作成だけでなく、自分の頭の整理や会議の進行にも効果を発揮する**ので、ぜひ身につけていただきたいスキルです。

hack 27 のまとめ

◎ 文章だと回りくどくなる物事の表現も、図解ならひと目でわかりやすく伝えることができる

◎ 特に「分類」「比較」「全体と部分の構造」「段取り」を伝える際には、図解表現が有効

hack 28 充実させる→シンプルにする

文字情報と視覚情報を削ぎ落とす

☹「見た目を美しくしよう」として、装飾が増えてしまう。
☹「なるべく詳細に伝えよう」として、文字数とページ数が増えてしまう。

多くの企業で働き方改革や残業時間の削減がテーマになっている昨今、非効率な仕事をしている余裕はありません。時間に追われている状況は、資料のつくり手だけでなく読み手にとっても同じであり、複雑な資料をじっくり読み込む余裕はないのです。

しかし、当事者意識が強ければ強いほど、読み手の立場から見た客観的なものの見方ができなくなり、資料の分量が多くなってしまいがちです。

資料の作成者はたいていの場合、案件の当事者ですから、内容について誰よりも深く考え理解しているため、つい自分が持っているありったけの情報を詰め込んでしまう傾向があります。

すると、次のような悪循環を生み出してしまいます。

① **つくり手：**資料にありったけの情報を詰め込んでしまう
② **読み手：**情報が増えるほど、全体像や筋道がとらえづらくなり、結論や論旨がつかめない
③ **つくり手：**それなりの時間をかけたわりに思ったほど理解されない……
④ **読み手：**「情報については万遍なく詰まっている」ゆえに、それが「資料のわかりにくさの原因」であることに気づかない
⑤ **つくり手：**的はずれな修正指示を受けることで、さらにわかりづらさの解消のために、さらに記述を細かくしてページ数を増やす。
⑥ **読み手：**さらに読みづらくなり、何度も修正指示を出す

資料の読み手側が言う「わかりづらい」は、多くの場合「中身の詳細がわからない」ことが原因ではありません。
「話の全体像」や「話の筋道」、あるいは「結論」がシンプルにわからないことが原因です。

したがって、読み手の時間を奪わない、シンプルで無駄のな

い資料をつくることができれば、資料作成の時間を短くできるだけでなく、読み手の読み込む時間も減らすことができるので、資料作成の生産性は劇的に向上します。

そのためのポイントは、次の３つです。

Contents

ポイント１：論理構成とストーリー構成を明確にする
ポイント２：文章をシンプルにする
ポイント３：装飾をシンプルにする

ポイント１：論理構成とストーリー構成を明確にする

論理構成が明確になれば「結論と根拠」が明確になり、ストーリー構成が明確になれば「話の内容と順番」が明確になるので、それ以外の不要な要素を捨て、資料をシンプルにすることができます。

さらにおすすめなのは、資料をつくり込む前に「論理構成」と「ストーリー構成」について、読み手側の確認を取っておくことです。

すると、その時点で読み手側は論旨を理解するので、資料をつくり込んだ後の「わかりにくい」を防ぐことができます。

ポイント2：文章をシンプルにする

文章量が多い資料は、読み手に満腹感を与え、直感的な理解を妨げます。よって、以下のような工夫が必要になります。

- 文章ではなく箇条書きを多用する
- 複雑な関係や構造は図解で示す（hack 27→146ページ）
- 「そして」「それから」「だから」などの接続詞を省略する
- 「しっかりと」「丁寧に」「じっくり」などの形容詞を省略する
- 体言止めを使う（「10％の削減が可能になります」→「10％の削減が可能」）

ポイント3：装飾をシンプルにする

美しい装飾というのは読み手の感性に委ねられるものであり、見た目の美しさにこだわるときりがありません。また、資料の質は装飾が美しいかどうかで決まるわけではありません。

時々、やたら矢印が多い資料や、色使いが多い資料を見かけますが、そのような装飾は、加えれば加えるほど、読み手側からすれば一つひとつの意図を読み取ろうとするので、かえって余計な負担やミスリードにつながりがちです。

資料は、作品ではなくビジネスツールです。資料の出来栄えが美しいに越したことはありませんが、あくまで重要なのは「内容が伝わること」です。よって、**資料の装飾を考える際には、本質的な要素を際立たせるために何を削ぎ落として、何を強調するのかを考え抜かなければいけません。**

hack 28 のまとめ

◎ **シンプルで無駄のない資料は、書き手と読み手の両方の時間を削減することができる。**

◎ **シンプルな資料をつくるには、事前に「論理構成」と「ストーリー構成」を明確にする。**

◎ **シンプルな資料をつくるには、文章量や装飾を必要最小限にする。**

hack

第5章
『会議』の生産性を上げる

発言に慣れるまでの5ステップ

☹ どんどん話が展開していくので話題についていけず、発言のタイミングがつかめない。
☹ 間違っていたらどうしようと考え始めると、発言することに気おくれする。

「会議で発言できない」ことに悩んでいる人は多いでしょうし、管理職や先輩としての立場から、若手社員や新人社員が会議で発言しないことに不満を持っている人も多いでしょう。

最近では、「会議で発言しない人は、次から呼ばなくてもいい」といった風潮が広がり、「会議で発言すること」に対するプレッシャーは高まっています。

しかし、「なんでもいいから、とにかくしゃべれ」と言われても、できないものはできません。

よって、おすすめなのは「ステップを刻んで会議に慣れていく」ことです（図29）。

Contents

ステップ1：意識的に相槌を打つ
ステップ2：意識的に賛成意見を加える

図29　会議に対する「慣れ」をつくる

STEP1 意識的に相槌を打つ	意識的に相槌を入れることで、「話の流れについていけない」という状態を少しづずつなくしていく
STEP2 意識的に賛成意見を加える	相手の発言内容を理解し「賛成できる部分」と「賛成できない部分」を切り分ける力を身につけていく
STEP3 意識的に確認をする	「何が明確でないのか？」を見極める力がつき、チーム全体の円滑な会議の進行に貢献できるようになる
STEP4 意識的に質問をする	それぞれのメンバーの発言に対して、その裏側に隠された「真意」や「前提」を表舞台に引き出すことができるようなる
STEP5 意識的に提案を述べる	「正解を言おう」と委縮するのではなく「1つの可能性を提示しよう」ぐらいに気楽に考えて、積極的に提案していく

ステップ3：意識的に確認をする
ステップ4：意識的に質問をする
ステップ5：意識的に提案を述べる

ステップ１：意識的に相槌を打つ

１つ目のステップは、誰かの発言に対して「意識的に相槌を打つ」ことです。具体的には「なるほど！」「確かに！」「へぇー、そうなんですね！」など、多少オーバーでも構わないので、相槌を打つ習慣をつけてみてください。

重要なのは、まずは相槌を打つこと「だけ」に集中することです。ここで「相手の発言を受けて何を言おうか？」など余計なことを考えてしまうと、考えているうちに話に追いつけなくなってしまいます。

しかし、**相槌を打つこと「だけ」に集中すると、「話の内容」にすべての意識を傾けることができるので、徐々に「話の流れについていけない」という状態をなくしていくことができます。**また、発言者からしても「自分の発言を理解し、積極的に相槌を打ってくれる」ことはうれしいはずです。

ステップ２：意識的に賛成意見を加える

２つ目のステップは、誰かの発言に対して「意識的に賛成意見を加える」ことです。

たとえば、相手の発言が終わったあとに「私もそう思います」「○○の点からも、その通りだと思います」「そういえば、△△

のような事実も、それを裏付けていますよね」などです。

誰かの発言に対して「反対意見を述べる」のは勇気が要りますが、「賛成意見を加える」のであれば、そのハードルは下がるはずです。

よって、まずは**「相手の発言の中で賛成できる部分」を見つけて積極的に賛成意見を加えていき、「会議で発言すること」自体に慣れをつくっていきましょう。**

この時点で、相手の発言内容を理解し、「賛成できる部分」と「賛成できない部分」を切り分ける力が身についているはずです。

ステップ3：意識的に確認をする

「意識的に確認する」とは、具体的には「すみません、理解が追いついていなくて……、ちょっと確認していいですか？」「それってつまり、言い換えるとこういうことでしょうか？」などが典型です。

人は一人ひとり、同じことを言っていても表現の仕方は異なるものです。また、同じ場にいて、同じ話を聞いていても、受け止め方は違います。

また、一見みんなの発言がバラバラに思えても「表現の仕方が違うだけで、実はみんな同じことを言っている」ことは多々あります。

このようなときに「それって、つまり○○ということでしょうか？」と確認してみると「そうそう、それ！」という感じで、意外にすんなり意見がまとまったりすることがあります。

何も難しいことを考える必要はありません。やることは単に「確認するだけ」です。しかし**「確認」は、時に参加メンバーの解釈を揃え、クサビとなり、手戻りがないスムーズな会議を実現します。**

ステップ３までたどり着き、「意識的に確認する」ことができるようになれば、「何が明確でないのか？」を見極める力がつき、チーム全体のスムーズな会議の進行にも貢献できるようになります。

ステップ４：意識的に質問をする

会議に出席していると、時々「この人は、いきなり何を言い出すのだろう？」という発言に出くわすことがあります。このようなときは、「今のお話には、何か背景があるのでしょうか？」「ちゃんと理解したいので、どのような経緯でそう感じたのか、教えてもらっていいですか？」と「質問」を入れるようにします。

こちらも、単に「質問するだけ」です。あくまで「質問」ですから、正しいも間違っているもありません。したがって、「間違っていたらどうしよう」と気おくれを感じる必要はありません。

このように**会議の場で適切に質問を入れていくことができれば、それぞれのメンバーの発言に対して、裏側に隠された「真意」や「前提」を表舞台に引き出せるようになります。**

ステップ5：意識的に提案を述べる

最後は、自分が「こんな考え方はどうでしょうか？」と積極的に提案してみる番です。

あらゆるビジネスは、未来に向けた営みです。しかし未来を正確に予言できる人など存在しない以上、そこに正解も不正解もありません。

よって、**会議の場では「唯一無二の正解を言おう」と委縮するのではなく「1つの可能性を提示しよう」ぐらいに気楽に考えて、積極的に提案していきましょう。**

hack 29 のまとめ

◎ **会議で発言できるようになるには「ステップを刻んで会議に慣れていく」ことが効果的。**

◎ **会議の場では「唯一無二の正解を言おう」と委縮するのではなく「1つの可能性を提示しよう」ぐらいに気楽に考えて発言する。**

手段と目的を分けて進める

☹ 会議の目的が不明確なまま進行することが多い。
☹ 定例会議が、会議のための会議になっている。

「今日の会議では○○について議論したいと思います。みなさん、どんどん意見を出してください」

このようなフレーズから始まる会議が多いのではないでしょうか？　会議に関する書籍を読むと、どの本も例外なく「会議の目的を明確にするべき」と書いてあります。

しかし、以下は一見目的を明確にしているように見えますが、**手段と目的が入れ替わってしまっている典型例**です。

「今日の会議の目的は、○○について意見を出すこと」
「今日の会議の目的は、○○について議論すること」

これらは会議の中で「やること」であって「目的」ではありません

このことは料理に例えるとわかりやすくなります。「料理の目的は焼くことです」と言われて、違和感を覚えないでしょうか？　「どんな料理をつくればいいか？」がわからないまま「目的は焼くことです」といわれても、「何を」「何のために」「どの程度」焼けばいいのかがわかりません。

そこで必要なのが、会議の導入時に「ゴール」を明確しておくことです。

Contents

ポイント1：会議のゴールの明確化

ゴールとは「目指すべき状態」のことであり、**「この会議で目指すべき状態」を明確にしておく**のです。

たとえば、先ほどの料理の例で「おいしいステーキをつくること」をゴールに設定するとどうなるでしょうか？　ただ単に「焼くこと」を目的にしてしまうと、会議のメンバーは「焼き鳥」や「焼き魚」の話に脱線してしまうかもしれませんが、ゴールを「おいしいステーキをつくること」と明確にできれば、会議のメンバーは「おいしいステーキをつくるために→焼く」ことがわかるので、焼き鳥や焼き魚の話はしなくなり、会議の脱線を防ぐことができます。

●ポイント２：ゴールの水準の明確化

そしてもう１つ、大事なことがあります。それは「ゴールの水準」を明確にすることです。

たとえば、「おいしいステーキをつくる」にしても「おいしいステーキとはレアなのか？　ミディアムなのか？　ウェルダンなのか？」によって「どこまで焼けばいいのか？」は変わります。

これを会議に置き換えれば、「会議の目的は○○について意見を出すこと」だけでは、どこまで意見を出せば終わりなのかがわかりません。しかし、**「ゴールの達成水準」を明確にできれば、「どのような状態に持ち込めば会議は終わりなのか？」を共有できるため、会議のメンバーはそのゴールに向かって「何をどれくらい議論すればいいのか？」の心構えができる**ようになります。

たとえば、「参考程度に５～６個のアイデアが出た状態がゴール」なのか、「アイデアを出し尽くしたうえで方針が決まっている状態がゴール」なのかによって、「何をどこまで議論するのか？」は変わってくるでしょう。

このように、会議の導入時にゴールを確認しておくことは、会議メンバーの方向性を揃え、脱線を減らし、会議の質や生産性を大きく変えます。

ポイント3：ゴールの軌道修正と裏回し

しかし、「今日の会議の目的は、〇〇について議論することです」と話す主催者は後を絶ちません。

その主催者に対して「議論することは手段ですよね？　会議のゴールは何ですか？」と質問するのは角が立ち、勇気がいることでしょう。

その場合には「すみません！　私の理解が合っているかどうか確認したいんですけど、今日のゴールは『5～6個程度のアイデアが出た状態』という認識で合っていますか？」というように、「自分を主語」にしたうえで、「この認識で合っていますか？」という質問をすれば、角が立ちません。

ゴールの仮説は間違っていても構いません。むしろ間違っていたほうが、「いやいや、アイデアを出したうえで、方針としてまとめ上げたいんだ」など、**会議主催者が意図する真のゴールを引き出すことができます。**

芸人の世界には「裏回し」という言葉があるそうです。通常、バラエティ番組は司会者が場を回していきますが、「裏回し」とはひな壇にいながら陰で司会者の進行をサポートし、裏で場を回していく役割のことを指します。

会議は、ややもすると会議主催者の独壇場で進んでいきがちです。しかし、もし「もっとこうしたほうが会議の生産性が上がるのに……」と感じたら、ひな壇芸人の**裏回しの精神を参考に、「確認の意味で……この認識で合っていますか？」とサポートを入れていくようにしましょう。**

hack 30 のまとめ

◎ **会議に明確なゴールを設定すれば、会議の脱線を防ぐことができる。**

◎ **「ゴールの達成水準」を明確にできれば「何をどれくらい議論すればいいのか？」が明確になる。**

◎ **たとえ自分が会議の主催者でなくても「裏回しの精神」でサポートを入れる。**

事前共有

会議で説明

情報を共有したうえで会議にのぞむ

😣 会議で脱線した意見が出ることが多い。

😣 会議で資料を配っても、なかなか理解してもらえない。

次のような会議に出くわしたことはありませんか？

> 会議に集められたのはいいが、自分はメールで「会議室に集まりましょう」と声を掛けられただけで「そもそも何について話し合うのか？」すら、知らされていない。席に着いたところ、メンバーの1人であるAさんがおもむろに「ちょっと資料をつくってきたんで、共有しますね」と資料を配り始める。資料が行き渡ったところで、朗読のように1枚1枚丁寧な説明が始まる……。
>
> しかし、別のメンバーであるBさんは、その資料には関心がなさそうで、ノートパソコンの画面をにらみながら、懸命にメール処理の内職をしている……。また別のメンバーであるCさんは資料を丹念に目で

追いながら「うん、うん」と頷いているが、資料の中身を理解するだけで必死のようだ……。

その後、15分かけて資料の説明を終えたＡさんは、おもむろに「いかがでしょうか？」とまわりに意見を求め始めた。数秒間の沈黙の後に、まず発言したのは、懸命に資料を読み込んでいたＣさんだ。しかし次々に出てくるのは、「資料の内容」というよりは「資料のつくり方」に対する懸念点ばかり。資料を丁寧に説明したＡさんは指摘された事項を懸命にノートに書き留めていくが、次々と投げかけられる指摘に、どんどん顔色が悪くなっていく……。

一方で内職していたＢさんからは、「おおむね、それでいいんじゃないでしょうか？」という意見しか出てこない……。

さて、これが果たして、生産性の高い会議と言えるでしょうか？　そうでないとしたら、いったい何が悪く、どうすればよかったのでしょうか？

Contents

ポイント１：事前に議題を共有すべき

ポイント２：事前に資料を配っておくべき

ポイント1：事前に議題を共有すべき

まず考えられるのは、**事前に「何を話し合うのか？」という議題が共有されなかったこと**です。「議題」がわからないと「どの程度、重要な会議なのか？」もわからなくなります。

すると、ノートPCで内職していたBさんのように「そんなに重要な会議じゃないだろう」「メールの処理のほうが重要だ」と勝手に判断し、「その場にいるけど、会議に参加していない人」が現れてしまいます。

この場合、Bさんはそもそも会議の中身を理解していないのですから「おおむね、それでいいんじゃないでしょうか？」と言っていたとしても、後になって「そんなつもりじゃなかった」と蒸し返される可能性もあります。

つまり、せっかく合意したのに、時間が経ってからやり直しが発生してしまう危険があるのです。

ポイント2：事前に資料を配っておくべき

さらに、**会議の場でいきなり資料が提出されたことも問題**です。

仮に事前に資料を共有しあらかじめ読んでおいてもらえば、「資料を朗読のように読み上げる15分」はゼロにできたはずです。確かに、各自「事前に資料を読んでおく時間」は必要になりますが、人は同じ情報量でも「説明を受ける」より「目で黙読する」ほうが断然早いものです。

また、事前に資料が共有されないと、ほかのメンバーは「いきなり」「その場で」資料の中身を理解するしかありません。

その結果、先ほどのCさんのように「資料の中身の重要な部分」というよりは「資料のつくり方」という表層的な部分ばかり取り上げ、「懸念」や「指摘」のオンパレードになってしまうのは「ダメな会議」の特徴です。

＊

このように、会議は「議題」や「資料」が事前に共有されていないと、参加メンバーは会議に参加するまで「何の話し合いか？」がわからないので「議題に対する自分の考え」を持ち込むことができません。

逆を言えば、事前に「議題」や「資料」を共有し、あらかじめ一読してもらいたい旨を依頼しておけば、それぞれのメンバーが「自分の考え」を持ち込めるようになります。

その結果、さまざまな考えに対して十分な議論ができ、会議の質は劇的に高まります。

hack 31 のまとめ

◎ 会議の議題や資料は事前に共有し、各メンバーが「自分の考え」を持ち込めるようにしておく。

hack 32 とりあえず→時間意識

時間を短くすることで濃密に

😣「とりあえず」で始まる会議が多すぎる。
😣参加人数が多すぎて、時間がかかるうえに、意見がまとまらない。

「今回の会議、とりあえず○○さんも呼んでおくか」
「とりあえず、この議題から話を始めましょう」
これらのように「とりあえず」が多い会議は、筆者の経験上、ダラダラと長引く傾向にあります。なぜなら「とりあえず」は「深くは考えないまま､間に合わせで」というニュアンスを含み、会議を「成り行き任せ」にしてしまうからです
そんな状態に問題意識を持ち、ダラダラと長引く会議を改善したいなら、次の２つのポイントを意識してください。

Contents

ポイント１：会議の参加人数を絞る
ポイント２：一つひとつの議題ごとに時間配分をする

ポイント１：会議の参加人数を絞る

「とりあえず○○さんを呼ぼう」は、いたずらに会議の参加人数を増やしてしまい、かえって非効率な会議を生み出してしまいます。呼ぶ側からすれば、良かれと思ってのことでしょうが、「とりあえずレベル」の人は多くの場合、その案件に深くはかかわっていないので「呼ばれたから来ました」「私、何するんでしたっけ？」というお客様状態になりがちです。これでは議論の深まりようがありません。

また会議の人数が増えてしまうと、まとまるものもまとまらなくなります。１人当たりの発言の持ち時間が少なくなり、表面をなぞったような議論が進み、納得感の薄い消化不良のまま会議終盤に至ります。すると会議終了直前で蒸し返しが起き、時間が大幅に長引いてしまったり、次回の会議に持ち越してしまうことがよく起こります。

このような状態を防ぐには、**会議メンバーの選定基準を「関係する人を漏らさず呼ぶ」から「会議の場にいないと致命的に困る人だけを呼ぶ」に変える**ことです。

もし、あなたが会議の主催者でなく「会議メンバーの選定に関与していない」などの理由で会議の人数が増えてしまった場合には、議題ごとの論点を見抜いたうえで、先ほど触れた「裏回しの精神」を発揮してください（hack 30→166ページ）。次のように提案してみましょう。
「すみませーん、もしかしたらこの議題は全員で話すより、このあと何人かで話したほうがよさそうじゃないですか？」

●ポイント2：一つひとつの議題ごとに時間配分をする

会議の議題や終了時間は決まっていても、一つひとつの議題に対する時間配分は決まっていないことが多いものです。

しかし、一つひとつの議題ごとに時間配分を決めれば「締切り効果」が働いて、会議の時間を短くすることができます。筆者の経験でも、一つひとつの議題ごとに時間配分を決めると、「まずは、大事なところから決めていこう」「この議題は方針だけ決めて、細かいところは分科会にしよう」など、会議の生産性を高める工夫が生まれます。

ここで重要なポイントは、必ずしも時間配分通りに議論を終わらせることが目的ではないことです。あくまで会議の目的は「ゴールを達成すること」ですから、「ゴールを達成してないのに、終了時間が来たから終える」のでは本末転倒です。

議題ごとに時間配分をする目的は、会議の参加メンバー一人ひとりに「時間に対する意識」を高めてもらうことです。

残念ながら日本の企業では、年輩の人になればなるほど、会議に対する時間の意識が低い傾向が見られます。むしろ「時間が長い会議＝充実した良い会議」と考える人すらいるのが現状です。しかし、一つひとつの議題ごとに時間配分を決めれば、少しずつでも時間意識を高めていくことができます。

筆者の場合、会議に参加する際には「議題が３つということは、大体20分×３くらいの時間配分ですかね？」と確認するようにしています。すると「うーん……、２つ目の議題は時間がかかりそうだから15分、30分、15分くらいの感じかな？」などと、会議の主催者側も時間を意識してくれるようになります。

また、会議途中でも「そろそろ15分経ったんで、少し急ぎ気味で行きますか？」などと声を掛けることで、自然と締切り効果が働くようになります。

このように、こちらも「裏回し」のテクニックを使えば、角を立てずに時間を意識してもらえるようになります。

hack 32 のまとめ

◎「とりあえず」は会議を「成り行き任せ」にしてしまう原因になる。

◎ 会議メンバーは「会議の場にいないと致命的に困る人だけ」を呼ぶ。

◎ 一つひとつの議題ごとに時間配分をし、会議メンバーの時間意識を高める。

論点を明確にすることで脱線を防ぐ

☹ 意見が噛み合わないことが多い。

☹ 意見はたくさん出るものの、毎回脱線するために時間がかかる。

「一人ひとりはちゃんと意見を言っているのに、なぜだか話が噛み合わない会議」はよくあります。目指しているゴールは同じはずなのに、一人ひとりの発言が空中に飛んで消えていくようで、結論にたどり着ける気がしない……。

このような会議には、大きく分けて次の4つのパターンがあるので、1つずつ原因と対策を解説していきましょう（図33-1）。

Contents

パターン1： 前提が揃っていない

パターン2： 論点が脱線する

パターン3： ささいな論点に縛られる

パターン4： その場で答えが出ない論点に縛られる

図33-1 会議の議論が噛み合わない４パターンと対処法

前提が揃っていない	参加メンバーが置いている前提を浮き彫りにし、前提を揃えにいく
論点が脱線する	「１つの論点に対して結論が出たら、次の論点に移る」という原則を守る
ささいな論点に縛られる	結論を仮置きして先に進める提案をする
その場で答えが出ない論点に縛られる	「何がわかれば答えが出せるか？」について認識を合わせる

●パターン１：前提が揃っていない

たとえば、会議で「売上を向上させるための方針が決まっている状態」をゴールに設定して、議論をするとしましょう。たとえゴールが決まっていたとしても、メンバー間で次のような「前提」が揃っていなければ、議論は噛み合わなくなります。

パターン 1-1：議論の範囲
パターン 1-2：現状認識
パターン 1-3：課題

パターン 1-4：持っている情報
パターン 1-5：時間軸

パターン1-1：議論の範囲

「議論の範囲」が揃っていないと、発言は噛み合わなくなります。

たとえば、あるメンバーが「営業部門」を想定して発言しても、受け取る側が「営業部門と商品開発部門の両方」を想定していれば、そもそも議論の対象範囲がずれているので議論は噛み合わなくなります。

パターン1-2：現状認識

「現状認識」も同様です。

「売上を向上させるには？」という議題に対して、「自社の売上は持ち直している」ととらえているメンバーと、「自社の売上は低迷したままだ」ととらえているメンバーでは議論が噛み合いません。

一方は「この機会をどう活かすか？」という未来に向けた発言が多くなることが想定できますが、もう一方からは「なぜ売上が低迷しているのか？」という過去の検証に対する発言が多くなるでしょう。

パターン1-3：課題

「課題」についてもズレやすいポイントです。

あるメンバーは、課題を「商品力」ととらえている一方で、別のメンバーは「営業力」ととらえているかもしれません。

このように「課題」に対する認識がズレたまま「売上を向上させるには？」を議論しても、互いの発言が平行線をたどることは容易に想像がつくはずです。

パターン1-4：持っている情報

「持っている情報」も、前提として共有しておきたいポイントです。

あるメンバーが「1カ月後に、競合企業が画期的な商品を発売してくる」という情報を知っていて、それを前提に発言をしたとしても、他のメンバーがその情報を知らなければ、発言の真意をくみ取ることは難しくなります。

パターン1-5：時間軸

「売上を向上させるには？」という議題に対して、「来月の売上向上の話なのか？」、あるいは「中長期的な売上向上の話なのか？」という時間軸がズレていると、議論は噛み合わなくなります。

「来月の売上」を想定しているメンバーからは、「今すぐできる直近の営業施策」に関する発言が多くなる一方で、「中長期的な売上」を想定しているメンバーから「新商品の開発も含めた大局の営業方針」に関する発言が多くなるでしょう。

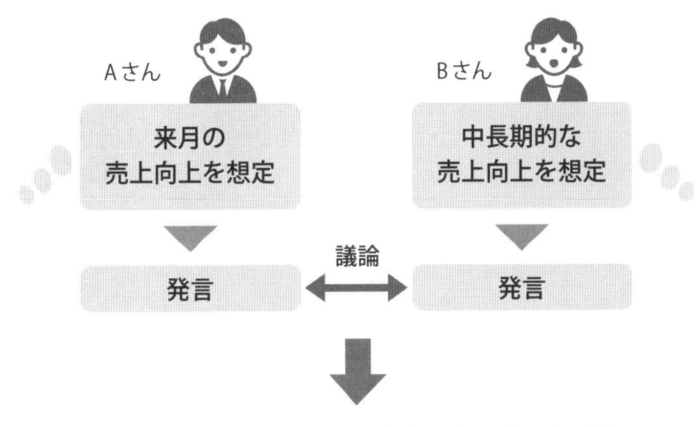

以上のように、そもそもの「前提」が揃っていなければ、その上澄みである「意見」が揃うことは絶対にありません（図33-2）。

よって「そもそもの前提が揃っていないのでは？」と感じたら、それぞれの発言に対して**「なぜ、そう思ったのですか？」「どのような背景で、そういう考えになったのですか？」**など「置いている前提を浮き彫りにする質問」を入れ、前提を揃えに行くことが効果的です。

●パターン2：論点が脱線する

ある論点について議論しているうちに「そういえば、○○ってどうなったんだっけ？」という話がポッと出て、メンバー全員がそちらの話題に引っ張られてしまうようなケースです。

会議では「1つの論点に対して結論が出たら、次の論点に移る」という原則を守らないと、「いろいろな発言が出たはずなのに論点が噛み合わず、結局何も決まらなかった」という状態を生み出してしまいます。

よって、常に「たった今、何について話し合っているのか？」を意識し、脱線しないことが、論点を噛み合わせるうえで極めて重要です。

もし、結論が出ないまま論点がズレてしまったことに気づいたら、ここでも「裏回しの精神」（hack30 → 166ページ）を発揮して**「すみません！　話が追い付いてないのですが、今は何について話をしているんでしたっけ？」「まずはさっきの話に対して結論を出しませんか？」**と提案してみましょう。

パターン３：ささいな論点に縛られる

別の言い方をすれば「正直、どちらでも大して変わらないこと」を論点に据えてしまって、長々と議論してしまうようなケースです。

この場合「どっちでもよくないですか？」が正直な気持ちですが、それをストレートに言ってしまうのは角が立ちます。

そこで**「現段階で大勢に影響がないなら、まずはＡ案を仮**

置きして進めてみて、違っていたら後から修正しませんか？」
と提案するのが効果的です。

◐パターン４：その場で答えが出ない論点に縛られる

「調べなければわからないことなのに、議論で結論を出そうとしてしまう」ケースです。

　このケースの場合は**「調べなければ結論が出なさそうなので、この会議では〝何を調べれば結論が出せるか？〟を決めませんか？」**と提案してみましょう。

hack 33 のまとめ

◎ 議論を噛み合わせるには「発言」の前に「前提」を揃える。

◎ 脱線を防ぐには「１つの論点に対して結論が出たら次の論点に移る」という原則を守る。

◎ ささいな論点に対しては「今の段階では仮置きして先に進める」ことを提案する。

◎ 調べればわかる論点に対しては「何を調べれば結論が出せるか？」について認識を合わせる。

hack 34 ノート→ホワイトボード

言葉の空中戦を視覚に落とし込む

☹つい別のことを考えているうちに、議論についていけなくなった。
☹いろいろと決めたはずなのに、後から振り返ると何を決めたか忘れてしまっている。

会議とは「見えない言葉の応酬」です。

言ってしまえば、全員が空中に向かって「見えない石」を投げているのと同じで、投げた石が全員にキャッチしてもらえたかがわかりません。その結果、論点が異なる意見が飛び交ったり、何も決定しないまま話題がどんどん移ってしまい、会議の生産性を落としてしまうのは日常茶飯事です。

しかし、ホワイトボードの板書をうまく活用すれば、このような「見えない空中戦」を防ぐことができます。

発言が空中に消えてなくなるのではなく、振り返れるように残しておく。これがホワイトボードの板書の役割です。ホワイトボードの板書には、次の5つのメリットがあります。

Contents

メリット1：議論に集中しやすくなる

メリット 2：認識のズレを防ぎやすくなる
メリット 3：発想の刺激になる
メリット 4：結論に持ち込みやすくなる
メリット 5：議論の流れを振り返りやすくなる

メリット 1：議論に集中しやすくなる

誰もが新人時代に、「会議ではノートを取りなさい」と教えられたと思います。

しかし５人で会議をする場合に、５人全員が自分のノートに同じようなメモを取る必要があるでしょうか？　発言とメモを同時にマルチタスクでこなそうとすると、どうしても集中力が削がれてしまいます。

しかし初めから全員に見えるようにホワイトボードに板書していけば、ほかの参加メンバーはメモをする必要がなくなり、議論に集中できるようになります。

メリット 2：認識のズレを防ぎやすくなる

会議に参加していると、考えを巡らせているうちに他のメンバーの発言を聞き逃してしまうことがないでしょうか？　もしその発言が議論の流れを大きく左右する発言だったら、致命的な認識のズレを生み出しかねません。

しかし、ホワイトボードに書き残しておけば、たとえ発言を聞き逃したとしても後から文字を見ながら確認することができるので、認識のズレを防ぐことができます。

メリット３：発想の刺激になる

誰にでも「いいアイデアが思い浮かばなくて、会議が煮詰まってしまう」という経験はあると思います。

しかしホワイトボードに板書をすると、記録された発言がそのまま視界に入るので「これとこれを組み合わせたらどうなる？」「こっちの発言とあっちの発言は関係ありそう」など「組み合わせの議論」が活発になります。すると「一つひとつの発言の空中戦」では難しかった、新たな発想を生み出しやすくなります。

メリット４：結論に持ち込みやすくなる

ホワイトボードに板書をすると「今、何について議論をしているのか？」が参加メンバーの前で明白になります。

すると、「論点がズレた発言」や「論点が不明瞭な長い話」もホワイトボード上で赤裸々になるので、自然と論点がズレた発言が少なくなり、結論に持ち込みやすくなります。

●メリット５：議論の流れを振り返りやすくなる

たとえ会議の内容のすべてを覚え切れていなくても、ホワイトボードを振り返れば「なぜ、この結論に至ったのか？」について、経緯も含めて確認できます。

また、会議の途中で決まった複数の決定事項も、後から振り返って再確認できるので、リマインドもスムーズになります。

＊

このように、ホワイトボードの板書は良いことばかりなのですが、「いきなりホワイトボードの前に立つのは気が引ける」と感じる人も多いようです。

その場合は「ホワイトボードに書き留めておきましょうか？後で写真にとって送りますね」と提案すれば、「助かる。ありがとう」とスムーズにホワイトボードの前に立てるはずです。

また、「うまく描ける自信がないので……」と躊躇(ためら)う人もいますが、通常の会議であれば、**必ずしも高度なフレームワーク**

やうまい絵は必要ありません。一つひとつの発言を殴り書きで書き留めていくだけで、十分なメリットが得られます。

たとえば、論点を「論」、意見を「意」、決定事項を「決」などと略して書いたり、決定事項については赤のマーカーでアンダーラインを引くなどの少しの工夫で、後から振り返りやすい板書になります。

このように、ホワイトボードをうまく活用すれば「言葉の空中戦」を防ぎ、チームとして生産性の高い会議を実現することができます。

hack 34 のまとめ

◎ **ホワイトボードの板書を活用すれば「見えない空中戦」を防ぐことができる。**

◎ **ホワイトボードの板書に、うまい絵は必要ない。一つひとつの発言を書き留めていくだけで、十分なメリットが得られる。**

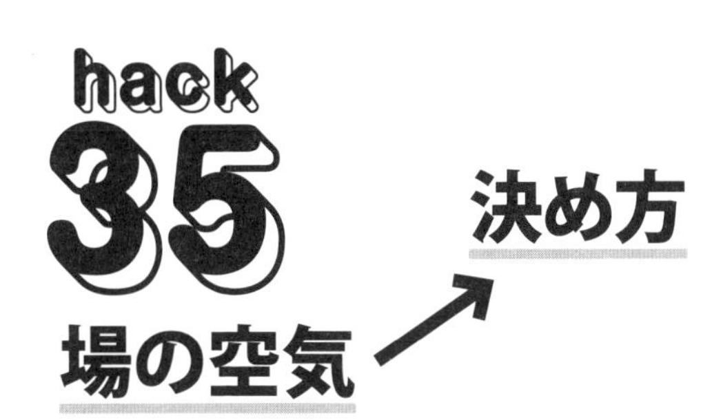

結論の「決め方」を決めておく

😣さまざまな意見は出たものの、どう結論に持っていけばいいかがわからない。

😣さまざまなアイデアは出たものの、どう絞り込んでいいかがわからない。

一般に会議の流れは、次の４つのステップをたどります。

① **共有**：ゴールや議題を共有する
② **発想**：意見やアイデアを出し合う
③ **収束**：意見やアイデアを絞り込んで結論を出す
④ **展開**：結論を次の活動に反映させる

この中で「共有」「発想」までは順調に進んでも「収束」の段階になると「選ぶ判断」「捨てる勇気」が伴うので、一気に生産性が下がってしまうのは「会議あるある」です。

特に日本人は、場の空気を読む文化なので、せっかく出してもらった意見やアイデアを「絞る」「捨てる」のが苦手です。

もし、会議において「絞り込む」「捨てる」に課題を感じているなら、**「あらかじめ、決め方を決めておく」ことが有効**です。

一般に、会議での結論の決め方は、次の３パターンがあります。

Contents

パターン１：多数決で決める
パターン２：判断基準に照らして決める
パターン３：リーダーが決断する

●パターン１：多数決で決める

筆者がよくやるのは、一つひとつのアイデアを壁やホワイトボードに貼(は)り出したうえで番号を振り、参加者には支持するアイデアの番号を紙やポストイットに記入してもらう方法です。それらを回収して数え上げ、一番支持が多かったアイデアを結論にします。

この方法のメリットは、無記名で記入してもらうため、「誰がどのアイデアを支持したか？」が最後までわからないことです。このため、無用な忖度(そんたく)を排除することができます。

また、ポストイットに記入してもらう作業は長くても10分程度ですから、会議の時間が限られている場合にも有効な手段です。

しかし、デメリットもあります。

この方法はあくまで多数決なので、「誰もがまあまあ良いと思える、無難なアイデア」が採用される傾向にあります。逆を言えば、「少数派が熱狂的に支持する、エッジの効いたアイデア」は採用されにくくなります。

パターン2：判断基準に照らして決める

たとえば、一つひとつのアイデアに対して「効果」「実現の容易さ」「コスト」などの判断基準を設けておき、判断基準ごとに点数をつけ、一番点数が高いアイデアに決める方法です。

この方法は合理的な判断基準が存在するので、メンバーそれぞれが納得しやすくなります。

しかし、別途「そもそもどのような判断基準がふさわしいか？」に関する議論が必要なので、多数決に比べると時間がかかってしまうのがデメリットです。

パターン3：リーダーが決断する

そもそも最終的な意思決定に責任を持つのがリーダーの仕事ですから、責任と権限の一致の原則からすれば、最終的にリーダーが決断するのが合理的です。

また、決め方を「リーダー一任」とすれば、「少数メンバーが熱狂的に支持する、エッジの効いたアイデア」が採用される余地も生まれます。

*

このように、それぞれの「決め方」には一長一短がありますが、筆者のおすすめは**「多数決」と「リーダーの決断」を組み合わせて決める**ことです。いわば「現場の意見を理解したうえで」「最後にリーダーが決断する」という決め方です。

リーダーの決断は、方法を間違えると独断専行になり、「そもそも現場で議論する意味がなかった」という不満が生まれ、「リーダーの能力の限界が、チームの能力の限界」という結果になってしまいます。

これを避けるためには、次の2ステップが必要になります。

ステップ1：現場による多数決の結果と、その内容・意見をリーダーが理解する

ステップ2：「無難なアイデア」か「一部が熱狂的に支持されるアイデア」かを、リーダーが最終的にジャッジ

現場の多数決だけで物事が判断できるなら、そもそもリーダーは必要ありません。リーダーとは、現場が判断できない物事を自分の責任で決断するのが仕事なのですから、最後はリーダーの結論に委ねるのが合理的と言えるでしょう。

hack 35 のまとめ

◎会議で物事を決めるには「あらかじめ決め方を決めておく」ことが有効。

結論の次の行動を決める

☹結論がうやむやになってしまい、具体的な行動に移せない。
☹結論に対して、誰が何に責任を負うのか曖昧になっている。

「では、そんな感じで」

この一言で会議が終了したものの、次に誰が何をすればいいかが明確になっておらず、結論が放置されてしまっていたという経験をしたことがないでしょうか？

どのような議論も、その結論が次の行動に移されないのであれば、意味がありません。**会議は「開催すること」ではなく、「その後に取られる行動」にこそ意味がある**のです。

もし「うやむやのまま終わってしまう会議」が多いなら、会議の終わりに次の3つのポイントを確認する習慣を身につけてください。

Contents

ポイント1：「次の行動」を確認する

ポイント２：「役割分担」を確認する
ポイント３：「期限」を確認する

ポイント１：「次の行動」を確認する

１つ目は「今日の会議の結果として、どういった行動を起こすのか？」という「次の行動」を確認することです。会議は業務全体のプロセスの一部ですから、決めた後の行動に徹底的にこだわりましょう。

会議の終わり際に手を上げて、「この後のアクションはどうするんでしたっけ？」と質問してみてください。すると、参加メンバーの意識をスムーズに「次の行動」に向けさせることができます。

ポイント２：「役割分担」を確認する

２つ目のポイントは「誰がそれをやるのか？」という「役割分担」を確認することです。

せっかく「次の行動」を決めたとしても、役割分担がおろそかになると「全員がお見合い状態」となり、「結局、誰もやっていなかった」という状態を生み出してしまいます。
　こちらも「この作業は、誰が得意そうですかね？」「私にできることはないですか？」などと発言すると、角が立たない形で参加メンバーの意識を役割分担に向けさせることができます。

ポイント3：「期限」を確認する

　最後のポイントは「期限」を確認することです。
　たとえ「次の行動」と「役割分担」を確認できたとしても、「いつまでに」という期限を設定しなければ、ズルズルと先延ばしになっていきます。
「締切りはいつにしますか？」とストレートに聞いてしまうと、人によっては「詰められている」という印象を持ってしまうので、「進捗の確認はいつ頃がいいですかね？」などと質問するのが無難です。
　また、数カ月にまたがる作業の場合には「最初の1カ月でどこまでやるか、決めませんか？」という質問も効果的です。

*

「次の行動」「役割分担」「期限」を決め後は、**作業を割り振ら**

れたメンバーを1人にしない配慮もしたいところです。

したがって、「作業メンバー以外の残りのメンバーがサポートできることって、ありますかね？」と声を掛ければ、チームの一体感を高めることができます。

hack 36 のまとめ

◎ 会議の終了間際には「次の行動」「役割分担」「期限」を決める。

◎「次の行動」は作業メンバー任せにせずに、周囲のサポートを促す。

hack

第6章
『学び』の生産性を上げる

生　き　た　学　び　を　手　に　入　れ　る

☹ あれこれ学んではいるものの、身になっている気がしない。
☹ そのときはわかった気になれても、仕事に活かせていない。

上記のような悩みがあるなら、学びの意識を「インプット重視」から「アウトプット重視」にスイッチすると学びの生産性が上がります。あらゆる仕事は成果を生むためにするのですから「学び＝インプット」と考えるのではなく、「学び＝アウトプット」と考え、**アウトプットに直結するインプットを実践する**のです。

Contents

ポイント 1：インプットした知識を、自分の言葉に置き換える
ポイント 2：具体例を探す
ポイント 3：アウトプットからフィードバックを得る

ポイント1：インプットした知識を、自分の言葉に置き換える

知識をそのまま理解するだけでは「他人から与えられた知識の暗記」に過ぎません。あなたも学生時代に経験した通り、「暗記」はすぐに忘れてしまうものです。

しかし、インプットした知識を「自分の言葉に置き換えて理解する」というプロセスを踏むと「自分の経験」や「自分を取り巻く環境」などに関連付けて理解することができるので、単なる暗記よりもはるかに忘れにくくなります。また「与えられた知識」という他人事感覚から，「自分の解釈を経た言葉」という自分事に置き換わった知識になるので、自分の言葉でアウトプットしやすくなります（図37）。

以上をわかりやすく理解するために、例を使って解説しましょう。

ビジネス書には、よく「価値」という言葉が登場します。しかし，あなたは「価値」という言葉に対して、自分の言葉に置き換えないまま読み進めてはいないでしょうか？　筆者の場合「価値」という言葉を次のように自分の言葉に置き換えて理解しています。

> 価値＝相手に提供できる「喜び」の度合い

このように「自分の言葉に置き換えて理解する」習慣をつけ

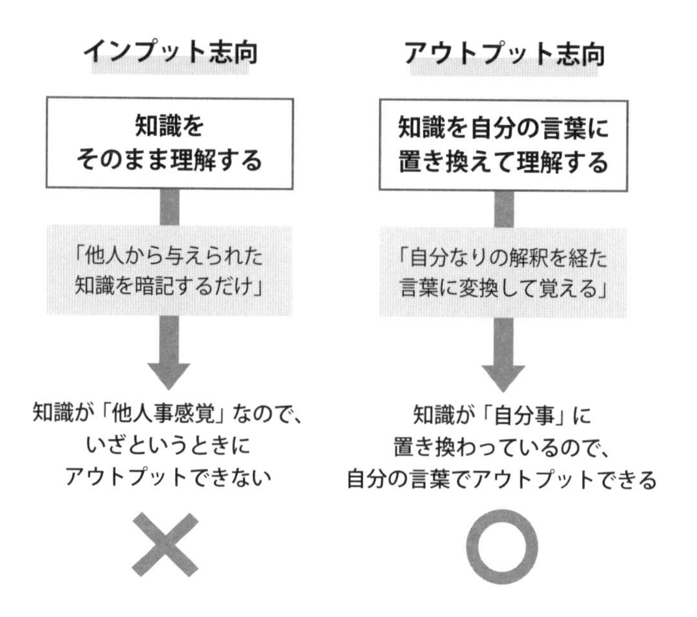

ると「他人から与えられた知識」を「自分なりの解釈に置き換えた言葉」にとらえ直すことができるので、記憶の定着度合いが高まります。また、いざ他人に説明するとき「借り物の言葉」ではなく「自分の言葉」で説明しやすくなり、説得力が増していきます。

ポイント２：具体例を探す

たとえば、先ほどの「価値」の具体例としては「商品価値」

「企業価値」「価値創造」などが挙げられるでしょう。筆者の例のように「価値」という言葉を「価値＝相手に提供できる喜びの度合い」のことと自分の言葉で理解していれば、次のように応用範囲を広げて理解することができます。

> **商品価値：**商品がお客様に提供できる喜びの度合い
> **企業価値：**企業がステークホルダー（関係者）に提供できる喜びの度合い
> **価値創造：**これまでにない新たな喜びを生み出すこと

これは別の言い方をすれば、**たった１つの学びから、自分の言葉でアウトプットできる範囲が大きく広がったことを意味します**。つまり、学びの生産性が大きく高まったのです。

ポイント３：アウトプットからフィードバックを得る

アウトプットは、自分なりの考えを目に見える形にして表現する必要があるため、イヤでもまわりの評価が付いてきます。また、「失敗」もありえるため「インプット重視」の人は及び腰になりがちです。

仕事の世界は「勉強の場」ではなく、「成果を上げる場」です。しかし「ビジネス書を読む」「ビジネス勉強会に参加する」「資格を取る」などインプットを重視する人は、インプットを100％してからでないとアウトプットをしようとしないため、行動がインプットに偏っていることが多いものです。

インプットは失敗がなく、「やった気」にもなれるため、勉強熱心な人には心地よく感じられるはずです。しかし、それがアウトプットにつながらないなら、成果を生み出すことはできず、学びの生産性は低いままです。

一方で「会議で発言する」「提案をする」「勉強会を開く」などのアウトプットは、成果に直結していきます。

また、アウトプットは「人に伝える」という行為を伴うため、周囲からのフィードバックを得やすく、「自分に足りない知識」を見極めやすくもなります。すると「自分に足りない知識」に絞ってインプットをすることができるようになるので、学びの生産性は劇的に高まっていくのです。

hack 37のまとめ

◎「アウトプットに直結するインプット」をすると学びの生産性が高まる。

◎ 得た知識を自分の言葉に置き換えると、アウトプットしやすくなる。

◎ 得た知識を自分の言葉に置き換えると、応用範囲を広げることができる。

hack 38

消費の読書 → 投資の読書

読書から得た情報を有効活用する

☹ どんな本を読んだらいいかわからない。

☹ 本を読んでも、その知識を活用できない。

読書を「情報を収集するため」だと考えている人は多いはず。しかし、そうした読書は生産性の低い「消費の読書」に留まっている可能性があります。

なぜならビジネス書に描かれた「情報」は、出版された時点で「公表された情報」となるため、その情報が有益であればあるほどすぐに世の中に広まり「誰もが知っていること」になってしまうからです。

身も蓋（ふた）もない言い方をすると、「すぐに知れ渡る情報を、わざわざお金を払って手に入れた」という状態になるため、書籍代は消費で終わってしまうのです。

「知識を得るための読書」も同様です。「知識」は、過去の先人たちが生み出した「知恵」であり、有益であることは否定しません。しかし、「知識」はあなたにとってみれば「単なる先人からの借り物」に過ぎません。

ビジネスの世界には「型の奴隷になるな。型の創造者たれ」という言葉がありますが、「知識を得るための読書」では、残念ながらその学びは「昔の誰かがつくった型」の内側にとどまったままです。その結果「知識を得るための読書」もまた、あなた自身のオリジナルの学びにはならないため、生産性の低い「消費の読書」で終わってしまいます。

一方で筆者がおすすめしている「投資の読書」とは、読書の目的を「情報収集」や「知識の取得」に留めずに、**「思考を巡らせて、自分なりの見解を生み出す」ことを目的とした読書**のことを指します。

情報や知識は、時間が経つにつれ「誰もが知っていること」になっていきますが、自分なりの見解は「自分独自の物の見方」として未来に活用していけるので、私は「投資の読書」と呼んでいます（図38）。

それでは「投資の読書」を通して、自分独自の見解を持つには、どのようなポイントを押さえておく必要があるのでしょうか？

Contents

ポイント1：分野の固め読みをする

ポイント2：疑いながら読む

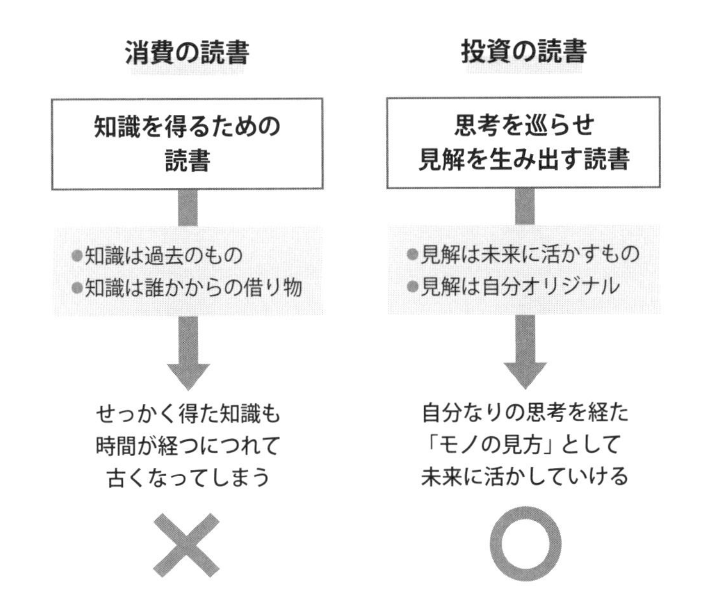

ポイント１：分野の固め読みをする

読書をする際には、できるだけ「同じ分野のビジネス書」を複数冊、固め読みしてください。

同じ分野のビジネス書を固め読みすれば、たとえ著者が異なっていたとしても「共通している主張」に気づけるはずです。「共通している主張」は、異なる著者が共通して触れている以上、「その分野では絶対に欠かすことができない重要な本質」

が隠されています。よって、その「本質」を理解し、自分なりの考えを「深める」ことができるようになります。

また、同じ分野のビジネス書であっても著者が異なる以上、主張が異なることもあります。

この「相違点」は、著者ごとの視点の違いであることから、同じ分野の固め読みをすることで視点の違いに気づくことができます。その結果、自分なりの考えを「広げる」ことができるようになるのです。

ポイント２：疑いながら読む

ビジネス書に書いてあることを鵜呑み（うのみ）にするだけなら、それは単なる「情報収集」や「知識の取得」に過ぎません。しかし、書いてあることに対して、

> 「本当にそれが正しいのか？」
> 「ほかの考え方もあるのではないか？」
> 「だとしたら、どのような考え方がありうるか？」

などと疑いながら読むことができれば、自分オリジナルの見解を形づくるきっかけになります。

*

このように「分野の固め読みをする」「疑いながら読む」ことができれば、「自分はどう考えるのか？」という、自分なりの見解を持てるようになります。

すると、徐々に**「正解を探す人」から「正解をつくる人」へ変わっていく**ことができるようになります。これが「投資の読書」の成果です。

hack 38 のまとめ

◎「投資の読書」をすれば「自分なりの見解」を持つことができる。

◎「分野の固め読み」「疑いながら読む」を実践すれば「正解をつくる人」へ変わることができる。

物事の本質を見るための視点を手に入れる

☹偏ったモノの見方をしてしまう。
☹因果関係を見抜けるようになりたい。

まずは次の質問に答えてみてください。

> 「あなたのスマホ画面の4隅には、どのようなアプリが並んでいますか？」

ある調査によれば、人が1日にスマホ画面のロックを解除する回数は、平均して23回なのだそうです。あなたも毎日のようにスマホの画面を開いているはずですが、先ほどの質問に正解できたでしょうか？

人は、物事が「当たり前になりすぎる」と注意力が落ち、それ以上は気づけなくなります。特に、次の3つはあなたの注意力を下げ、観察力を曇らせます。

図39-1 観察力は「自分が見えている世界」を形づくる

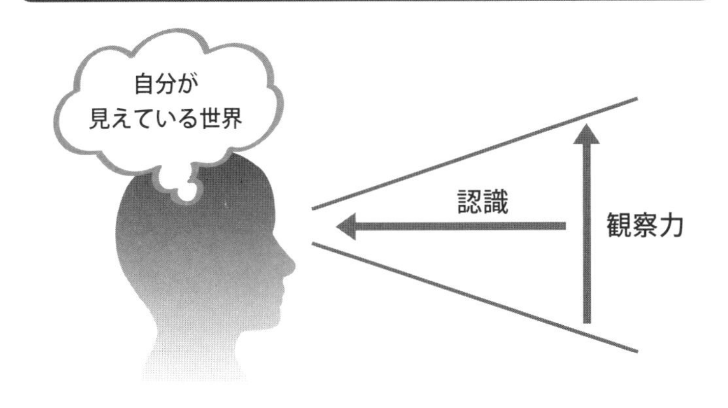

- 経験や慣れによる「当たり前」
- 常識や既成概念による「当たり前」
- 権威や社会的証明による「当たり前」

人は誰もが「自分の認識のフィルター」を通してしか、世界を見ることができません（図39-1）。そして、自分が気づいた物事の範囲内でしか、考え、判断し、行動することができません。

つまり、「自分の認識」を形づくる「観察力」は、「自分の世界そのもの」を形づくる、極めて重要な能力であることが理解できるはずです。

しかし一方で、「観察力を磨く」だけでは「目に見えるものに気づけるようになった」ということでしかありません。生産性の高い学びを実現したいなら、**「観察力」から一歩進んだ「洞**

察力」を身につける必要があります。

洞察力とは「目に見えるものを手掛かりに、その裏側にある目に見えない本質を見抜く力」を指します。

あなたも「いち早く鋭い仮説が立てられる人」や「将来起こりうる物事を言い当てられる人」などに出くわしたとき、「センスがあるなぁ」と感心した経験があるのではないでしょうか。この「センス」こそが「洞察力」であり、センスがある人は「物事の本質を見抜く深い洞察力」を持っています。

では、どうすれば「観察力」を超えて「洞察力」を身につけることができるようになるのでしょうか？

Contents

ステップ１：観察力を鍛える

「観察力」を通して何を気づけるかによって、学びは何倍、何十倍もの差がついてしまいます。

観察力を身につける際に意識すべきなのは、**物事の「変化」や「差」に着目すること**です。人は「瞬間」をスナップショットで切り取るよりも、時間軸で「変化」をとらえたほうが多くの気づきを得やすくなります。

●ステップ2：「なぜ？」を考える

観察を通して物事の「変化」や「差」などに気づいたら、「なぜ変化しているのか？」「なぜ差が生じているのか？」など、「なぜ？」という質問を自分に問いかけるようにしましょう。
「なぜ？」という質問は、自分を「目に見える観察の世界」から「目に見えない洞察の世界」へと導き、理由や背景といった「目に見えない本質」を見抜くきっかけをつくってくれます。

●ステップ3：「どうなってる？」を考える

「どうなってる？」は、実態を明らかにする問いです。つまり、「なぜ」という質問の後に「どうなってる？」という質問を組み合わせることで、「目に見える観察の世界の裏側に、どのような背景が隠されているのか？」という、**背景に対する洞察を深めることができる**ようになります（図39-2）。
そして、「背景に対する洞察」をする際に着目してほしいのが「因果関係」です。あらゆる物事は「モノ」と「関係」で成り立っており、「モノ」は目に見えるため観察でとらえることができますが、「関係」は目に見えないため、「洞察」でしかとらえることができません。
「因果関係」とは「原因が変われば→結果が変わる」という関係ですから、洞察を通して見えない因果関係を見抜くことがで

図39-1「なぜ？」と「どうなってる？」を繰り返す

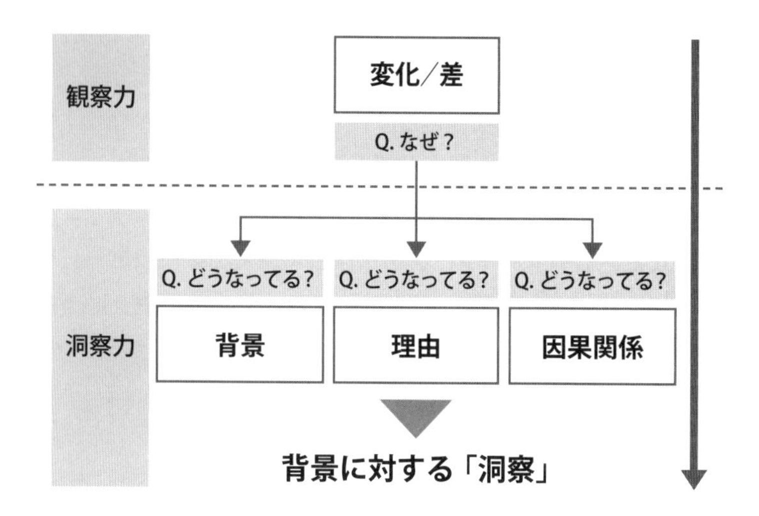

きれば、原因に影響を与えることで、ビジネスの結果を変えることができるようになります。

hack 39 のまとめ

◎ **観察力の有無は、あなたの学びの量を何十倍にも変えてしまう。**

◎ **「関係」は、洞察力でしかとらえることができない。**

◎ **洞察力を身につければ、因果関係を見抜き、ビジネスの結果を変えることができる。**

hack 40 情報量→思考力

真似されにくいアイデアや知恵を生み出す

☹ 情報量が多すぎて収集が追いつかない。
☹ 既存のアイデアの後追いにしかならない。

現在、「情報が足りない」という悩みより「情報のスピードが速すぎて、追いすがるのが精いっぱい」という悩みのほうが切実になってきているのではないでしょうか？

そこでぜひ理解してほしいのが、**「情報量で戦う」より「思考力で戦う」ことの重要性**です。

情報は、文字やデータという「形として目に見える」ものです。そして「形として目に見える」ものは、真似しやすく世の中に広がりやすいため、独自の競争力にはなりません。一方で思考力は「形として見えない」ため簡単には真似されにくく、いったん身につければあなた独自の競争力になりえます。

また、今や「情報」は誰もが短時間で手に入れることができます。しかし、誰もが短時間で手に入れることができる情報は、ほかの人にとっても短時間で手に入れることができるため、すぐに真似される競争力にしかなりません。一方で「思考力」は

図40-1　「情報量」より「思考力」で戦う

情報量で戦う

「情報」とは
目に見えるもの

- 情報は簡単に手に入る
- 情報は簡単に真似されやすい
- 情報は有益であるほど世の中に広がりやすい

情報量は
自分の競争力になりにくい

思考力で戦う

「思考力」とは
目に見えないもの

- 思考力は磨くのに時間がかかる
- 思考力は簡単には真似されにくい
- 思考力は自分独自の武器になりやすい

思考力は
自分独自の競争力になる

筋トレのように時間をかけなければ身につかないため、いったん身につければ長い期間にわたって真似されにくい競争力になりえます。

人は「自分の頭で考えられる範囲」が「自分で行動できる範囲」を決めてしまいます。「段取り」「コミュニケーション」「資料作成」「会議」なども、結局は「考えること」が先にあっての行動ですから、これらの業務の質や生産性を高めるためには、大本にある「思考力」が重要になってくるのです（図40-1）。

ビジネスに必要な思考力は、大きく分けると次の４つです。

Contents

ロジカルシンキング：物事を論理的に筋道を立てて考える力
クリティカルシンキング：物事を適切に疑って考える力
概念化思考：物事を実体から切り離して概念で考える力
アナロジー思考：物事を別の分野に当てはめて考える力

●ロジカルシンキング：物事を論理的に筋道を立てて考える力

ロジカルシンキングとは、物事を体系的に整理し、筋道を立てて矛盾なく考える思考法のことを指します（図 40-2）。

いったんロジカルシンキングをマスターすると**「物事を体系化する力」や「物事の因果関係を見抜く力」が身につく**ので、次のような能力を向上させることができます。

コミュニケーション力：相手の主張を体系的に理解し、自分の主張を体系的に説明する力
段取り力：段取り全体を個別作業に分解し、スムーズに進める力
分析力：全体を構成要素に分解して、個々の要素の特徴や関係を見抜く力
提案力：結論と根拠の因果関係を明確にして提案する力
問題解決力：問題を引き起こす原因を特定して、解決策を考える力

図40-2 ロジカルシンキングとは

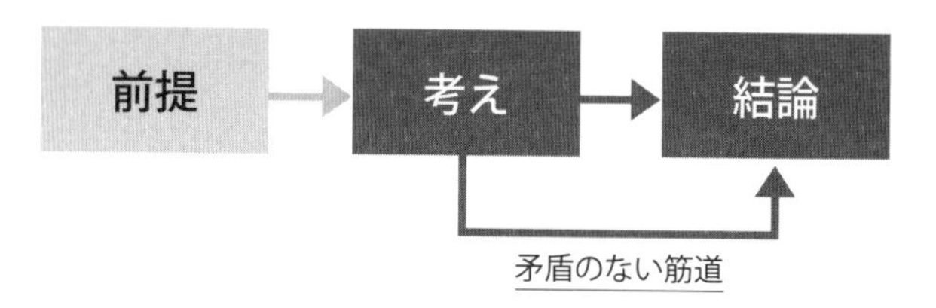

ロジカルシンキングとは、
「矛盾なく筋道立てて考える思考法」のこと。

◆クリティカルシンキング：物事を適切に疑って考える力

クリティカルシンキングとは、物事を鵜呑みにせずに吟味し、適切に疑う思考法のことを指します。クリティカルシンキングをマスターすると**「前提を疑う力」「視点を疑う力」が身につく**ので、次のような能力を向上させることができます（図40-3)。

創造力：当たり前や常識を疑い、別の可能性を見いだす力

問題解決力：人とは異なる視点で問題をとらえ、問題解決の糸口を発見する力

図40-3 **クリティカルシンキングとは**

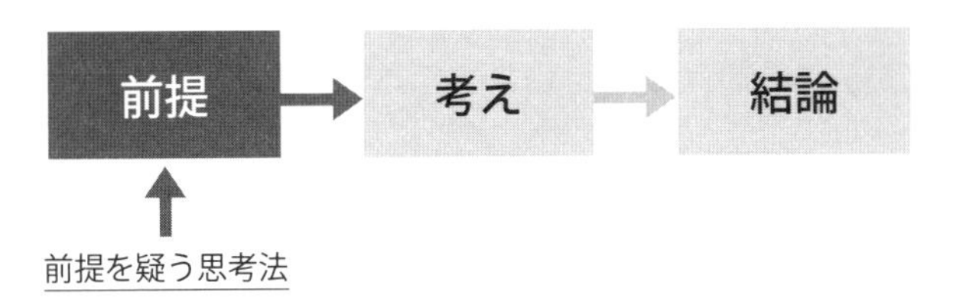

クリティカルシンキングとは、
「物事を鵜呑みにせずに、適切に疑う思考法」のこと。

●概念化思考：物事を実体から切り離して概念で考える力

概念化思考とは、物事を実体から切り離して「概念」でとらえる思考法のことを指します（図40-4）。

たとえば「水」は単なる１つの実体ですが、形のない「概念」としてとらえ直すと「飲むもの」「火を消すもの」「洗うもの」「煮るもの」「浴びるもの」「浸けるもの」など、複数の「概念」を見いだすことができます。

このように、概念化思考をマスターすると**「形に縛られずに発想する力」「概念を自由自在にとらえ直す力」が身につく**ので、次のような能力を向上させることができます

> **コンセプト力：**実体と概念を組み合わせて、新しいコンセプトをつくる力

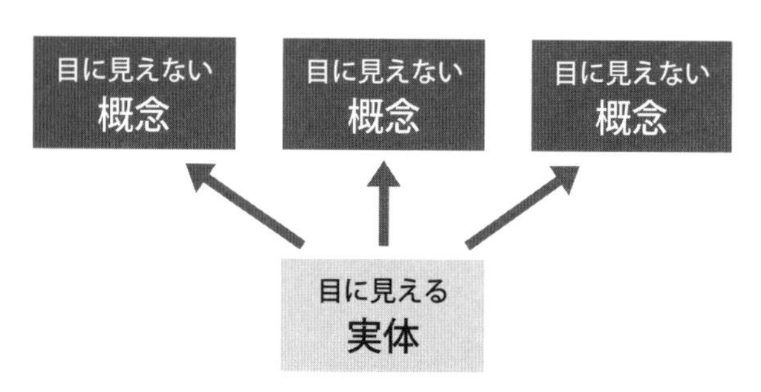

概念化思考とは、物事を実体から切り離して「概念で捉とらえる思考法」のこと。

アナロジー思考：物事を別の分野に当てはめて考える力

アナロジー思考とは、物事を別の分野に当てはめて考える思考法のことを指します（図40-5）。

たとえばある業界の成功要因を、まったく別の業界に当てはめて考える、などが典型例です。アナロジー思考をマスターすると、**１つの学びをさまざまな別の分野に応用して考えることができる**ようになるので、次のような能力を向上させることができます。

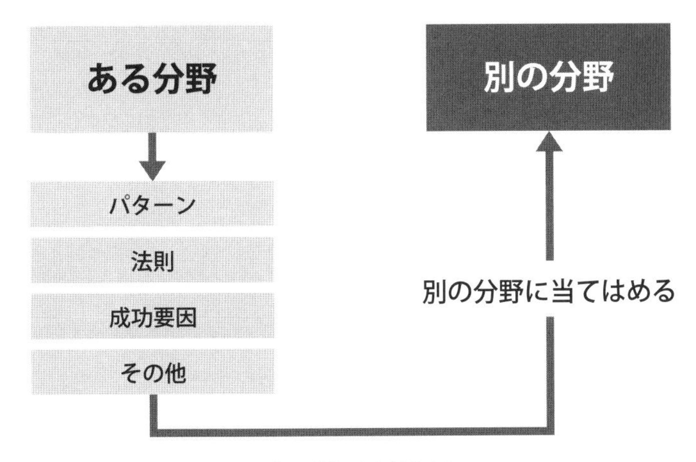

仮説力：ある分野のパターンを別の分野に当てはめて仮説を導き出す力

説明力：ある物事を、別のわかりやすい物事にたとえて説明する力

*

このように「思考力」は、マスターするのに時間が必要であ

るものの、いったんマスターすれば真似されにくく、応用範囲が広い能力です。「情報に追いすがる自転車操業」を抜け出し、自分独自の知恵を生み出せる人材になりたいなら、ぜひ「思考力」を磨く習慣を身につけてください。

hack 40 のまとめ

◎「情報量」で戦おうとすると、学びは自転車操業になる。

◎「思考力」をマスターすれば、真似されづらく、応用範囲が広い能力が身につく。

行動することで経験値を上げる

☹ 頭では理解しているが、行動に移す勇気がない。
☹ 目の前にチャンスがあるのに、自信がなくて飛び込めない。

知識を学んだものの、いざ実行に移そうとすると腰が引けるというのは、要は学びが「知識止まり」になっているということ。こうした状況から脱却するために、まずは「経験」の重要性について理解しておきましょう。

知識は、書籍やセミナーなどを通してお金で買うことができますが、経験はお金で買うことはできません。

また、知識はいつでも好きなときに手に入れることができます。今では、たいていの知識はググれば簡単に手に入れることができるでしょう。しかし、経験は今その瞬間でしか手に入れることができません。

さらに、知識をいち早く仕入れたとしても後からお金で買えてしまうため、有益なものであればあるほど真似されてしまい

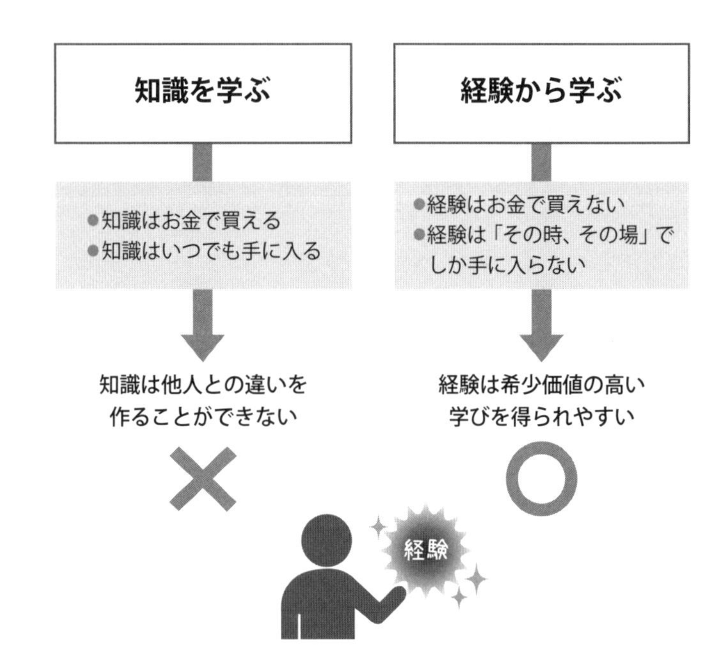

ます。一方で経験はお金では買うことができず、そのときに時間を費やすことでしか得られないため、他人には真似されづらい差別化要因になりえます（図41）。

このように、「経験」は「知識」と比べて希少価値が高く「勘所」や「ニュアンス」も含めて自分オリジナルの知見になります。

しかし、経験は知識と異なり「いざ、行動に起こす」となると勇気がいるものです。そのようなときには、ぜひ次の2つを意識してください。

Contents

ポイント1：打席に立つ

ポイント2：致命的な失敗とは何か？　を想像する

ポイント1：打席に立つ

ここまで解説したように、「経験」は知識の取得だけでは決して得られない貴重な学びと精神的成長をもたらしてくれます。

そのためには、まずは打席に立つ必要があります。そして打席に立つ頻度が多ければ多いほど、**数多くの「ヒットを打つための勘所」が蓄積されていき、財産になっていくはず**です。

また、「ヒットを打つための勘所」がつかめるようになれば、それが自信になり、次の挑戦や冒険にも前向きになれ、新たな経験のチャンスを連れてきてくれることでしょう。

ポイント2：致命的な失敗とは何か？　を想像する

たとえば、あなたが「社内の大きなプロジェクト」を任されたとしましょう。最も致命的な失敗は「プロジェクトが途中で頓挫（とんざ）してしまう」ことですが、だからといって、会社が倒産するわけでもなければ、誰かが死ぬわけでもありません。そもそもそのようなプロジェクトなら、起案も承認もされないでしょう。

何かを行動に移すとき、漠然と失敗を恐れてしまうと、不安はモンスターのように実体以上に膨れ上がっていきます。しかし、「致命的な失敗とは何か？」と具体的に考えていくと「常識的に考えうるどのような失敗をしても、結局は倒産するほどの致命傷にはならない」ことに気がつけるはずです。

また、あらかじめ「致命的な失敗」を具体的にイメージしておけば、いざプロジェクトが開始された際にはそのリスクを事前にコントロールできるようになるので、結果的に致命傷を防ぐことができます。

hack 41 のまとめ

◎ 経験は希少価値が高く「勘所」や「ニュアンス」も含めて自分独自の知見になる。

◎ 経験は精神的な成長を支え、自信をつくってくれる。

◎ 致命的な失敗をイメージしておけば、行動に伴う不必要な不安がなくなる。

◎ 致命的な失敗をイメージしておけば、実行に伴うリスクを事前にコントロールできる。

「答え」を生み出す思考パターンを身につける

😣 問題の解決策がなかなか見つからない。

中国には「授人以魚　不如授人以漁」という言葉があります。これを日本語に訳すと「人に魚を与えても1日しか生きていけないが、人に釣りを教えれば一生食べていける」という意味だそうです。

これは学びにも通じる考え方といえるでしょう。

人は誰でも疑問や問題にぶつかったとき、つい性急に「答え」を求めがちです。しかし「答え」を学んだところで、「どのような物の見方や考え方をすれば、優れた答えにたどり着けるのか？」という**「答えの出し方」を学ばなければ、一生ものの学びにはなりません。**

したがって、「答え」を学ぶのではなく「答えの出し方」を学びたいなら、自分のまわりにいる優秀な人の「頭の使い方」を理解し、自分のものにしてしまうのが生産性の高い方法です。言葉を替えれば、優秀な人の「頭の使い方の道筋」を読み解き、自分の頭の中のOSにインストールする感覚です。
「優秀な人の頭の使い方」を学ぶためのポイントは次の５つです（図42）。

Contents

ポイント１：視野の広さ
ポイント２：視座の高さ
ポイント３：視点の角度
ポイント４：時間軸
ポイント５：思考のプロセス

ポイント１：視野の広さ

あなたのまわりにいる優秀な人とあなたでは、「視野の広さ」が異なるかもしれません。
「視野の広さの違い」を意識しながら優秀な人の話に耳を傾ければ、これまで見えていなかった新たな視野が得られ、思考の範囲が広がっていきます。

ポイント２：視座の高さ

あなたのまわりにいる優秀な人は、どのような視座で物事を語っているでしょうか？　経営的な視座でしょうか？　現場目線でしょうか？　あるいは広範な社会的な視座でしょうか？
あるいは市場競争の視座でしょうか？

図42　優秀な人の「頭の使い方」を学ぶ

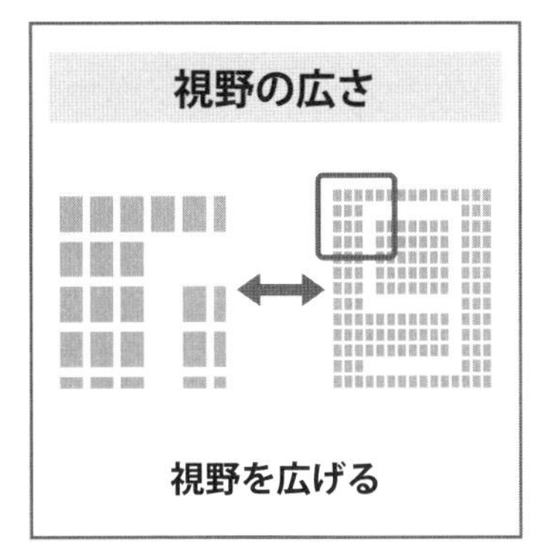

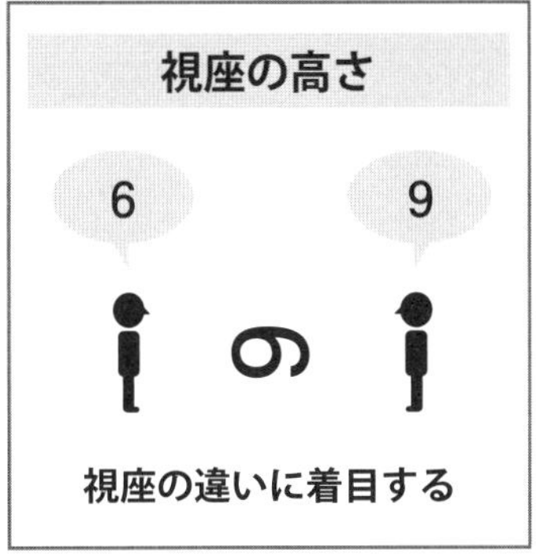

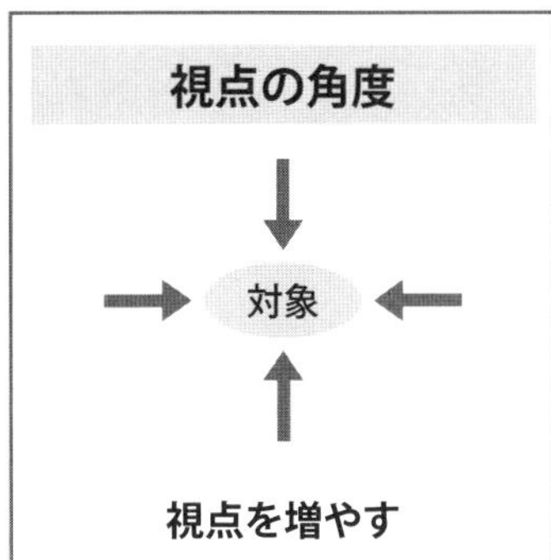

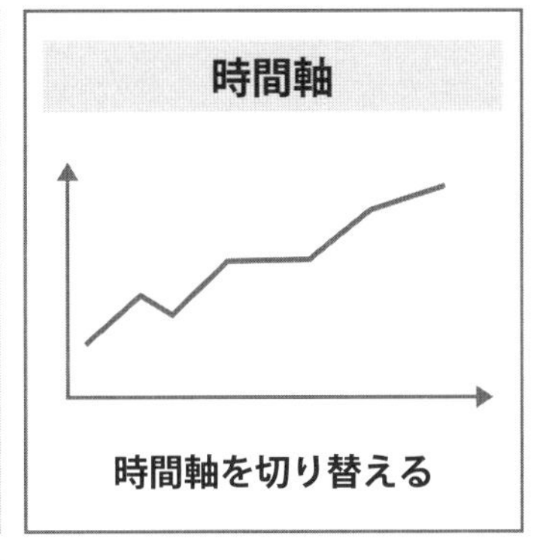

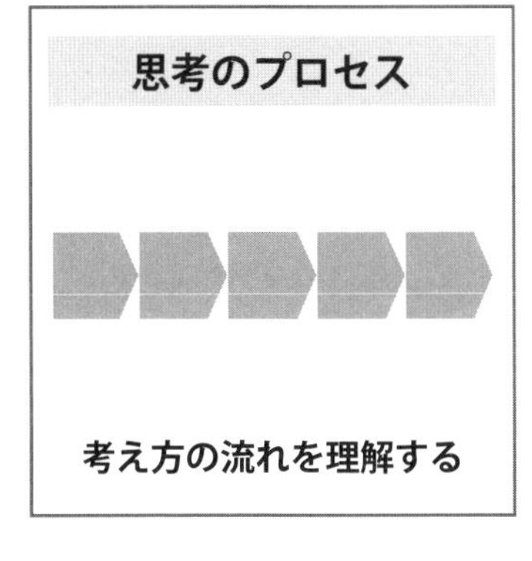

よく「鳥の目」「蟻(あり)の目」といいますが、時に同じ物事を見ていても、視座の違いで結論は変わることがあります。優秀な人の「視座の違い」に着目することもまた「答えの出し方を学ぶ」助けになるはずです。

ポイント３：視点の角度

たとえば同じ「戦略」を語るにしても、その角度は「経営者の視点」「実務家の視点」「コンサルタントの視点」「クリエイターの視点」などで大きく異なるはずです。どんなに抽象的な概念も、視点を数多く持つことで、その輪郭を浮き彫りにすることができるようになります。また、「視点の多さ」は頭の使い方を柔軟にし、１つの視点にとらわれない頭の使い方ができるようにもしてくれます。

このように、優秀な人の「視点の多さ」を意識することもまた、「答えの出し方を学ぶ」うえでの助けになるはずです。

ポイント４：時間軸

物事には、必ず「過去」「現在」「未来」という時の流れがあり、時の流れを経て変わっていくものと変わらないものが存在します。あなたのまわりにいる優秀な人が語っていることは、時を経ても変わらない本質なのでしょうか？　それとも今の時流に沿ったトレンドなのでしょうか？　あるいは構造変化の兆候の話なのでしょうか？

「時間軸」を意識しながら優秀な人の思考パターンを学ぶことができれば、「長期的な視点」と「短期的な視点」、あるいはその２つのつながりや断絶に気づけるようになります。その結果、手に入れることができる頭の使い方は「先を読む思考力」です。

ポイント５：思考のプロセス

あなたのまわりにいる優秀な人は、どのような思考プロセスをたどって本質に迫っているのでしょうか？　重要なのは、その人なりに迫った本質を「パクッて、いただく」ことではなく、本質に迫るまでの頭の使い方をトレースしてみることです。

どのような結論も、そこに至るまでにはプロセスが存在します。そのプロセスを見抜き、思考を巡らせ、自分のものにすることができれば、優秀な人の「頭の使い方」を自分の頭の中のOSにインストールすることができるようになります。

hack 42 のまとめ

◎「答えの出し方」を身につければ、一生ものの学びになる。

◎「答えの出し方」を学ぶには、優秀な人の「頭の使い方」をトレースして身につける。

目に見える「現象」から「法則」を読み取る

☹流行のスピードに対応できない。
☹世の中の現象・出来事から学びが得られない。

ビジネスパーソンであるならば、世の中のさまざまな現象から学びを見いだし、自分の成長につなげたいと感じていることでしょう。

しかし、インターネットやソーシャルメディアの進化により、年々現象が移り変わるスピードは速まっています。このため、現象一つひとつを丁寧に追いかけようとしても、「現象から学ぶスピード」よりも「現象が移り変わるスピード」が上回る臨界点に達すると、成長は限界を迎えてしまいます。

そこでおすすめしたいのが、すぐに古くなってしまう「現象」を追いかけることではなく、時代を超えて使える再現性の高い「法則」をストックしていくことです。

本書でいう「法則」とは、物事がうまくいきやすい「経験則」のことを指します。たとえば次のようなものです。

- 「○○のときに、△△という見方をすれば解決策を見いだしやすい」という「視点の持ち方」
- 「○○になれば、△△になりやすい」という正しい「因果関係」

言葉に隠れた真の欲望を見つける

例を使って説明しましょう。ぽっちゃり体形のAさんから、ダイエットについての相談に乗るシーンを想像してみてください。「ダイエットをしたいのですが、どうすればいいでしょうか？」と相談されたあなたは、おそらく次の2つの選択肢を思い浮かべるはずです。

- 摂取カロリーを減らすために、食事制限をすすめる
- 消費カロリーを増やすために、運動をすすめる

しかし、この2つの選択肢を提案しても、Aさんはなかなか納得してくれません。ダイエットをするにはこの2つしか方法がないのですから、あなたは途方に暮れてしまいます。

そこで「Aさんは、本当にダイエットをしたがっているのだろうか？」と疑ったあなたは、次のように尋ねてみることに

します。

「そもそも、ダイエットをしたいと思ったのはなんで？」

すると、Ａさんから返ってきた答えは次の通りです。

「今より、もっとモテるようになりたくて」

Ａさんの真の目的は「痩(や)せること」ではなくて「モテること」だとわかりました。

このように、もしあなたがＡさんの真の目的を理解できれば、

「じゃあ、ぽっちゃり好きが集まる合コンがあるみたいだから、行ってみる？」

など、先ほどとはまったく異なる解決策を提案できるようになります。この解決策は「食事制限」や「運動」などの労力が要らず、かつＡさんの真の目的にも適っているため、快く受け入れてくれるかもしれません。

●経験から法則を生み出す

この例を「ダイエット」という個別事情から離れると、２つの法則を見いだすことができます。

① **視点の持ち方：**物事を適切に疑うことができれば（視点）、その背景にある真の目的を見抜ける

② **因果関係：**真の目的を見抜ければ（原因）、これまで

とは異なる解決策を見いだすことができる（結果）

これは、「ダイエットの相談に乗る」という経験から、あなた独自の「法則」を手に入れたことを意味します。

このように、さまざまな経験から「法則」を見いだすことができれば、それらの「法則」を別の分野に応用することで、成長を加速させていくことができます。

一を聞いて十を知る

世の中には飲み込みが早く「一を聞いて十を知る人」が存在します。「一を聞いて十を知る人」は、どんな些細な事実からも「法則」を見抜き、それらをさまざまな分野に応用する習慣を持っています。

かれらは「遊ぶことで仕事のヒントが得られる」「遊んでいるときに新しいビジネスの発想を思いつく」などと語ることが多いものです。これは遊びから得た「法則」を、仕事という異なる分野に当てはめて応用できる、という意味です。

多くの経営者が好んで「戦国武将の本」や「スポーツ監督の本」を読むのも、異なる分野から得た「法則」を自社のビジネスに応用して活かしたいと考えているからです。

このように、成長に貪欲（どんよく）な人は、あらゆる物事から「法則」

図43「現象を追いかける」のではなく「法則をストックする」

目に見える「現象」
を追いかける

「現象が移り変わる
スピード」が速すぎて、
自転車操業になる

再現性が高い「法則」
をストックする

「現象」の背後に働いている
「再現性の高い法則」を
ストックしていく

さまざまな現象を
「再現性の高い法則」に
当てはめることで、新しい仮説を
立てられるようになる

を得て、異なる分野、現象に応用する習慣を身につけています。したがって、１つの経験から得られる学びの量が数倍多いのが特徴です。

また、他業界の成功事例も「法則化」して自社に応用して考えることができるため、発想の幅が広いのも特徴です。

アイデア出しのブレーンストーミングなどをしていても、過去の事例や他業界の事例などさまざまな事例を自社に当てはめて考えることができるのです。

＊

世の中の現象をただ追いかけるだけでは「目に見える物事」に振り回されてしまうだけです。

しかし目に見える現象の背景にある「法則」を見抜くことができれば、**さまざまな現象を「法則」に当てはめることで未来を予測し、いくつもの新しい仮説を立て、自信を持って物事を進めていける**ようになります（図43）。

hack 43 のまとめ

◎「現象」を追いかけるだけでは、あなたの成長は限界を迎える。

◎「法則」をストックし応用できれば、いくつもの新しい仮説を立てることができる。

シングルループ → ダブルループ

枠組みから飛び出して、新たなビジネスや価値を生み出す

☹新しいことに挑戦したいが、どうすればいいかわからない。
☹ルーティンワークではなく、創造的な仕事をしたい。

「仕事をこなすことはできるけど、優秀な人と比べると何かが足りない気がする」

こうした壁にぶつかってはいないでしょうか？　多くの人は、与えられた仕事を誠実にこなしていくうちに、「わからない」ことが「わかる」ようになり、「できない」ことが「できる」ようになっていきます。しかし、一通りの仕事が「できる」ようになると、つい「できる仕事をこなすだけ」になり、その先の成長が見通せなくなるのはよくあることです。

一般に、人は次のようなレベルをたどって成長していきます。

レベル1：上司や先輩の明確な指示を受け「部分的な作業」を任されるレベル
レベル2：一連の仕事の手順を理解し「作業全般」を任

されるレベル
レベル 3：複数ある方法から最適な方法を選択・実行でき「責任」を任されるレベル
レベル 4：これまでの方法に問題意識を持ち、工夫や改善を加えることができるレベル
レベル 5：新しい価値を生み出すために、前例や常識そのものを変革・創造できるレベル

この中で、特に壁にぶつかりやすいのが「レベル 4」と「レベル 5」の間です。なぜなら、「レベル 4」までは「これまでの枠組みの内側」で考えていれば OK ですが、「レベル 5」は「これまでの枠組みを超えて」考え、行動しなければならないからです。あなたが「レベル 4」と「レベル 5」の間で伸び悩んでいるなら、ぜひ理解してほしいのが次の 2 つの考え方です。

Contents

ポイント 1：シングルループ学習
ポイント 2：ダブルループ学習

●ポイント 1：シングルループ学習

「シングルループ学習」とは「これまでの枠組みの内側」に目

図44 シングルループ学習とダブルループ学習

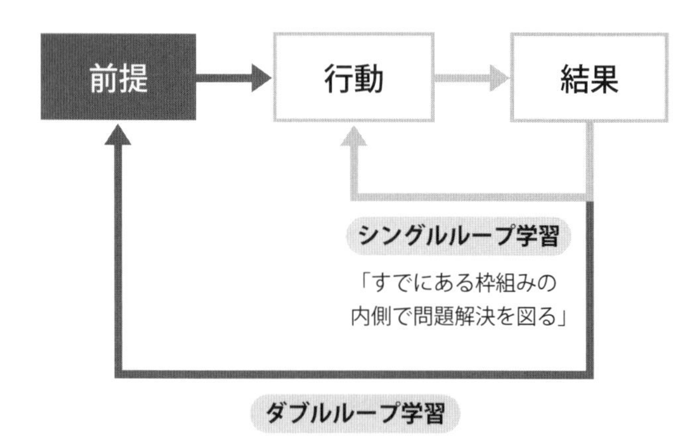

を向け、仕事の進め方を改善していく学び方を指します。

たとえば、人事部が新卒採用するケースを考えてみましょう。昨年の新卒応募数が100人、面接に来た人が50人、採用者数が10人だったとすると、新卒採用サイトや新卒採用パンフレットなどの工夫で、今年は新卒応募数を110人、面接に来る人を55人、採用者数を11人に増やせるかもしれません。このように、これまでのやり方から知見を得て、これまでの枠組みの中で改善を施していくのがシングルループ学習です（図44）。

しかし、**シングルループ学習の弱点は、すでにある枠組みの内側で問題解決をはかっていくので、どこかで限界に達してしまう**ことです。

たとえば、先ほどの人事部の例の場合、昨年は10人だった採用者数を11人にはできるかもしれません。しかし同じ予算で採用者数を20人に倍増させるのには、新卒応募数も2倍の200名を集めなければいけませんから、現実的には難しいでしょう。

ポイント2：ダブルループ学習

一方で「ダブルループ学習」とは、いったん自分をこれまでの枠組みの「外側」に置き、全体を客観的にとらえながら「そもそもこの枠組み自体を変えられないか？」と前提を問い直す考え方です。

すると次のように、これまでとは抜本的に異なる方法を見いだすことができるようになります。

- そもそも採用目標数20名は、すべて新卒である必要があるのか？　第二新卒ではダメなのか？
- 新卒応募者数200名は本当に必要なのか？　優秀な学生20名だけをピンポイントにダイレクトリクルーティングすればいいのではないか？

今ある枠組みの内側で地道に改善を重ねるのは素晴らしいこ

とですが、**枠組みそのものをとらえ直すことで、大きく生産性を伸ばせる可能性が出てくる**のです。

このように「シングルループ学習」に留まらず「ダブルループ学習」も実践できるようになると、「レベル４」の人材から「レベル５」の人材へと、飛躍することができます。その際に、ぜひ意識してほしいポイントは、次の４つです。

ポイント 2-1：今の枠組みを鵜呑み（うの）にしない
ポイント 2-2：期待を超えるマインドセットを持つ
ポイント 2-3：結果より行動に目を向ける
ポイント 2-4：新しい挑戦を楽しむ

ポイント2-1：今の枠組みを鵜呑みにしない

ビジネスの世界に「正解」は存在しません。ビジネスは常に未来に向けた取り組みですから「今の枠組み」も絶対的な正解ではなく、常に「暗中模索」や「試行錯誤」があるだけです。「レベル５」にたどり着いている人はこのことを理解しており、「これまでの枠組み」についても、可能性の１つに過ぎないと考えています。

ポイント2-2：期待を超えるマインドセットを持つ

「レベル5」の人は「求められたことを達成しよう」だけに視点を留めていません。

時に与えられた枠組みや前提条件を変えながら、相手が求めていることを超えて、より大きな成果を生み出そうとするマインドセットを持っています。

ポイント2-3：結果より行動に目を向ける

多くの人は、何らかの問題に直面したとき、「自分に解決できるだろうか？」「できなかったらどうしよう」と考えがちです。

しかし「レベル5」にたどり着いた人は「できるか？　できないか？」という直接コントロールできない「結果部分」に目を向けるのではなく、「できることを前提」に、直接コントロールできる「行動」にフォーカスしています。

その結果、今までにないような価値や解決策が生まれ、上司や顧客の期待以上の結果に結び付くことが増えるのです。

ポイント2-4：新しい挑戦を楽しむ

「できることを前提に考える」にも通じることですが、「レベル5」の人は失敗を恐れないどころか、あえて困難なことに挑戦していくマインドセットを持っています。

そして困難な状況を楽しんでいるのです。「レベル５」の人は「成功の反対は失敗である」とは考えていません。自分は正解のない世界を切り拓（ひら）いており、「数々の失敗の延長線上に成功がある」というとらえ方をしているのです。

hack 44 のまとめ

◎「ダブルループ学習」を行うと、これまでとは抜本的に異なる解決策を見いだせるようになる。

◎「ダブルループ学習」を行うと「レベル 4」から抜け出し「レベル 5」の人材になれる。

hack

第7章
『思考』の生産性を上げる

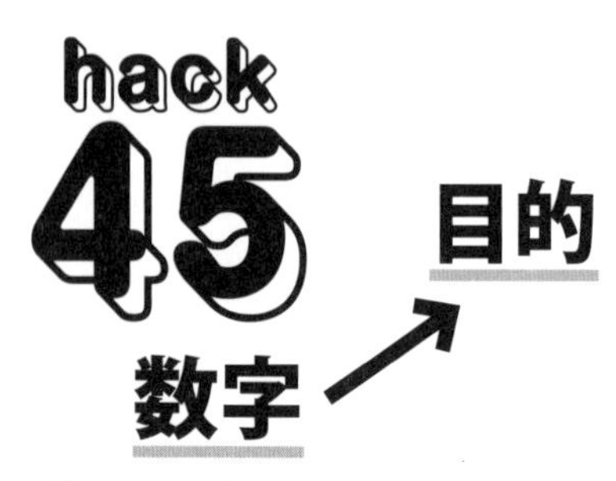

数字の先にある目的を見て、新しい選択をする

☹目標やノルマなどの数字が達成できない。
☹いつも数字に追い立てられている。

「毎日のように、数字に追い立てられている気がする……」と感じることが増えているという人は多いでしょう。

かつてない勢いでデジタル化が進んだ現在では、あらゆる行動はリアルタイムにデータ化され、数字に置き換えられていきます。これは管理面の便利さを生む一方で、PDCAサイクルを短くし、「自転車操業状態になりやすくなった」という副作用も生み出しています。

「数字だらけ」の環境の中にいると、「数字を追いかけていたはずが、いつのまにか数字に振り回されていた」という本末転倒の状況が起こりがちです。このような状況に陥った際には、「自分は何のために数字を追いかけているのか？」という「目的」の再確認をすべきです。

「数字」は目に見えますが「目的」は目に見えないため、人はつい目に見える「数字」のほうに振り回されてしまいがちです。しかし、**数字とは「目的」に向かううえでの「達成水準」でしかなく、目的があって初めて意味を持つ**ものです。

では目的を明確にすると、どのような「良いこと」があるのでしょうか？

Contents

メリット1：目的は、仕事に意義を与えてくれる
メリット2：目的は、煮詰まったときに別の選択肢を与えてくれる

メリット1：目的は、仕事に意義を与えてくれる

イソップ寓話（ぐうわ）に「レンガ職人」という有名な話があります。レンガ職人に「1日100個レンガを積み上げてくれ（数字）」とお願いしても、「なぜ100個のレンガを積み上げなければいけないのか？」という目的がわからなければ、レンガ職人は「やるぞ！」という意欲が湧（わ）かないでしょう。

しかし「多くの困っている人を救う大聖堂をつくる」という「目的」が示されたうえで、「だから1日100個レンガを積み上げてくれ（数字）」とお願いしたら、レンガ職人の受け止め方は変わります。レンガを100個積み上げる作業は単調で気が遠く

なる作業かもしれませんが、「大聖堂をつくる」という目的が示されれば、レンガを積み上げる仕事は「意義のある仕事」に変わっていきます。

今後リモートワーク化が進むと、個人作業が増えていくことになります。このような時代だからこそ目的を問い続ける重要性は増しているといえるでしょう。なぜなら目的なき数字は、先ほどのレンガ職人のように仕事を単調にし、やりがいを失わせ、仕事を「数字を追いかけるだけの孤独な作業」に変えてしまうからです。

したがって、数字に振り回されているのなら、一つひとつの数字に対して「その数字を追いかける目的は何か？」を問い続け、自分にとっての「大聖堂」を胸の奥に秘めておきましょう（図 45）。

メリット２：目的は、煮詰まったときに別の選択肢を与えてくれる

あなたが営業担当者だったとしましょう。上司から「新規顧客へのテレアポ電話を、1 日 100 件から 200 件に増やせ」と言われたら、頭を抱えることでしょう。朝早く出社し、深夜まで電話をかけ続けるブラック労働にもなりかねません。

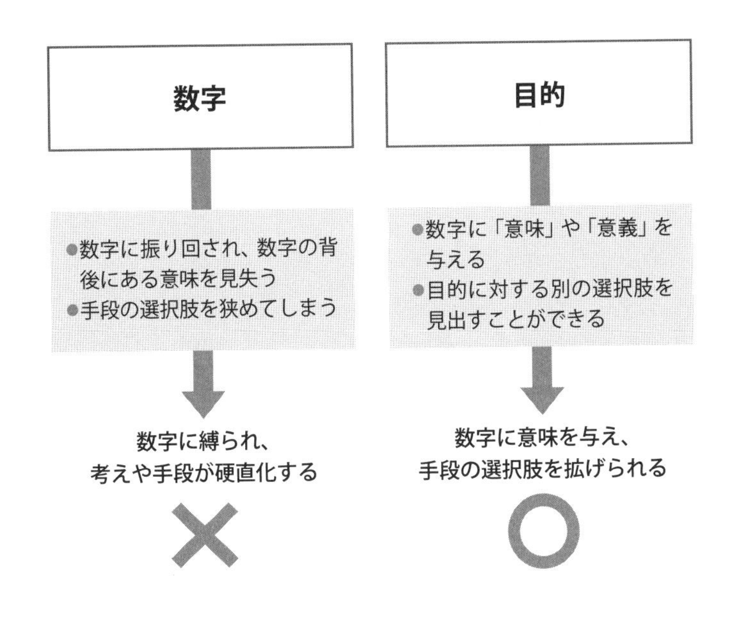

しかし、「1日200件電話する」という数字に目を奪われるのではなく、数字の先にある「目的」に目を向けてみてください。このケースの場合、真の目的は「売上を上げること」ですから、その手段は必ずしも「1日200件電話すること」でなくてもいいかもしれません。

実はこの話、筆者が社会人1年目に経験した実話です。

筆者は当時「1日200件の電話はさすがに無理だ」と思ったので、自分でつくった企画書を200件に郵送することにしました。いわゆるダイレクトメールです。その結果、筆者の業務量は「郵送した後、問い合わせの電話を待っているだけ」なので激減し、売上はテレアポのときよりもはるか上がりました。当時の上司が大変喜んだのを覚えています。

数字は、時に「1日200件の電話」のように、手段の選択肢を狭めてしまいます。その手段でうまくいっているうちはいいのですが、いったん煮詰まってうまくいかなくなると、成果が出ない手段をひたすら追いかけることになりかねません。

しかし、**「数字」ではなく「数字の先にある目的」に目を向けることができれば「別の選択肢を見いだす」ことができる**ので、「数字に縛られた状態」や「数字に振り回された状態」から解放されます。

hack 45 のまとめ

◎ 目的は、仕事を意義あるものに変えてくれる。

◎ 目的は、煮詰まったときに別の選択肢を与えてくれる。

量を増やす→質を上げる

量を減らし、質を上げることで「がんばる」をやめる

😣仕事量が多すぎて、がんばっても終わらない。
😣残業できないのに、やるべき仕事が多すぎる。

「つくらなければいけない資料が多すぎて、憂鬱（ゆううつ）な気分になる……」
「会議に参加していたら、それだけで１日が終わってしまった……」
　こうして、日に日に仕事が積み上がっていき、毎日「やらなくちゃ」で頭がいっぱいになってしまう……。このような悩みを抱えている人は多いはずです。
　がんばり屋の人ほど、一つひとつの仕事に対して「中途半端では申し訳ない」と考えて、完璧になるまで自分の労力を費やそうとします。しかしその考えは、知らず知らずのうちに次のような悪循環を生んでしまいます。

①すべての仕事を完璧にしようとがんばる
②がんばっているので、周囲から認めてもらえる

③ 周囲から認めてもらえるので、うれしくなる
④ うれしいからさらにがんばって、労力を費やそうとする
⑤ その結果、残業や休日出勤が増え続けていく……

残念ながら、「がんばること＝仕事の量」というとらえ方には限界があります。自分のがんばりを認めてもらうためには、際限なく仕事量を増やしていかざるをえなくなるからです。

したがって、「がんばること＝仕事量」と考えるのではなく「がんばること＝仕事の質」ととらえ直し、仕事の質を上げることで「がんばらなくてもすむ状態」を目指す必要があります。

そのポイントは、次の２つです。

Contents

ポイント１：仕事を取捨選択する
ポイント２：仕事の上位概念を見極める

ポイント１：仕事を取捨選択する

仕事を取捨選択するには「一つひとつの仕事の目的を明確にする」必要があります。言葉を換えると「なぜその仕事をする必要があるのか？」という、「その仕事をしなければいけない理由」を明確にするのです。それがないのであれば、その仕事は「目的がない」のですから、その仕事自体をなくしてしまえ

るかもしれません。

多くの企業では、なんとなく前任者から引き継いでやっているものの、なぜやっているのかわからない仕事が数多く存在します。それらを「目的が明確な仕事」と「目的がよくわからない仕事」に仕分けることで、「目的がよくわからない仕事」は思い切ってやめてしまえます。

筆者の取引先では、こういった「目的がよくわからない仕事」を取捨選択するために、**部門ごとに「捨てる会議」をやっている企業もあります**。このように、目的が不明確な仕事を炙（あぶ）り出すことができれば、浮いた分の時間をより重要な仕事に振り分けることで、仕事の質を上げることができるようになります。

ポイント2：仕事の上位概念を見極める

まずは次の対比をご覧ください。

①Ａ：全体的なテーマ　vs　Ｂ：個別的なテーマ
②Ａ：長期的なテーマ　vs　Ｂ：短期的なテーマ
③Ａ：根本的なテーマ　vs　Ｂ：表層的なテーマ

ＡとＢを比べると、ＡはＢの「上位概念」にあたります。

たとえば「①Ａ：全体的なテーマ　vs　Ｂ：部分的なテーマ」について、会議を例に考えてみましょう。どのような会議も「会議全体のテーマ」が設定できない限り、その会議の中で話し合う「個別の議題」を設定することができません。そして、もし「会議全体のテーマ」が的外れなものであれば、会議の中で話し合う「個別の議題」も的外れなものになってしまうでしょう。つまり「全体と部分」という枠組みで見たときに、より重要度が高い上位概念は「全体」です。

また「②A：長期的なテーマ　vs　B：短期的なテーマ」についても同じでことが言えます。たとえば、部門の取り組みを考える場合に「自分たちの部門は、長期的にどの方向に向かうべきなのか？」が決まっていない限り、そこに向かうための「短期的なテーマ」を決めることはできません。こちらもまた「長期的なテーマ」の設定次第で「短期的なテーマ」が大きく変わってしまうという意味で、より重要度が高い上位概念は「長期」です。

さらに「③A：根本的なテーマ　vs　B：表層的なテーマ」についても同じです。たとえば、「優れた資料をつくる力」や「周囲にわかりやすく説明する力」の背景には「考える力」が存在します。だとすれば、どんなに「資料をつくる力」や「説明する力」を学んだとしても、それは表面上の問題であって、本当に重要な上位概念は「考える力」であることがわかります。

このように「全体」「長期」「根本」という上位概念は、下位概念の在り方を決定づけるので、上位概念をおろそかにしたまま下位概念に取り組もうとすると、いわば「指針」が決まって

図46 **仕事の上位概念を見極める**

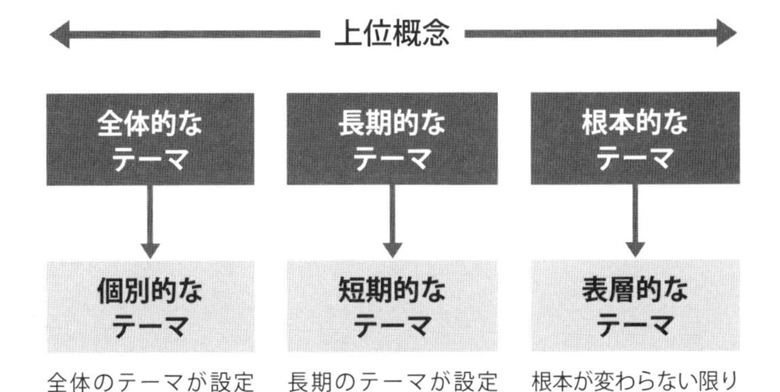

全体のテーマが設定できない限り個別のテーマは設定できない

長期のテーマが設定できない限り短期のテーマは設定できない

根本が変わらない限り表層は変わらない

「全体」「長期」「根本」という上位概念が、
下位概念の在り方を決定づけている

より重要度が高い上位概念を明確にできれば、
「指針」が明確になるため「がんばりどころ」を
絞ることができる

（無駄な寄り道ややり直しが発生しにくくなる）

いないまま物事が進むわけですから「無駄な寄り道」や「やり直し」が発生しやすくなります（図46）。

逆を言えば、「全体」「長期」「根本」という、より重要度が高い上位概念さえ押さえてしまえば、「上位概念が下位概念の在り方を決定づける」のですから「指針」が明確になり、「がんばりどころ」が絞られるので、「網羅的に全部がんばる」必要がなくなります。すると、以下のような好循環が生まれ、人間的な生活を送りながら、仕事の質を高めていくことができるようになります。

① 仕事の上位概念を見抜く
② 上位概念の指針を明確にする
③ がんばりどころが絞られ、時間と労力が減らせる
④ 浮いた時間をワークライフバランスや、新たな自己投資に費やせる
⑤ 自己投資を通して、上位概念を見抜く力が向上する

hack 46 のまとめ

◎ 目的が不明確な仕事をなくせば、その時間を有効活用することで仕事の質は上がる。

◎ 仕事の「上位概念」を明確にできれば、仕事の質は上がる。

hack 47

答えを探す → 問いを探す

「適切な問い」を立てることで解決する

☹ どうすれば問題の答えを導けるかがわからない。
☹ 何から手をつければいいのかわからない。

人は誰しも「なんらかの問題」に遭遇したときに「どうしたら問題を解決できるだろうか？」と「答え」を探すことが多いものです。しかし、「答え」を探そうとするときに、次のような壁に当たって悩んでしまったことはないでしょうか？

「何かを考えなきゃいけないことはわかっている。でも、何を考えていいかがわからない」

「何かをしなきゃいけないのはわかっている。でも、何から手をつけていいかがわからない」

もしこのような状況に陥ることが多いなら、あわてて**「答え」を探そうとするのではなく、まずは冷静に「適切な問い」を探す**ようにしましょう。

答えを探すと行き詰まる

これをわかりやすく説明するために、例を使って解説します。

たとえば、あなたのビジネスの売上が下がったとします。もし性急に「答え」を探すなら、あなたは、

> どうすれば、売上が上がるのか？

を考えることになるでしょう。しかし、何も手掛かりがない中で考えようとしても、「何をどう考えていいかがわからない」という状態に陥ってしまうのはよくあることです。

また、思いつきで考えたとしても、数ある「売上を上げる方法」のうち、どれが適切で効果があるのかも見当が付かないため、結局は「えいや！」で物事を進めることになってしまいます。

このように、いきなり拙速に「答え」を探そうとすると、かえって行き詰まってしまったり、思いつきで走ってしまったりすることになりかねません。

適切な問いを重ねる

一方、「適切な問いを探す」ことに意識を向けたとしましょう。

たとえば、次のような「問い」に思い至るはずです。

> そもそも、なぜ売上が下がったのか？

すると、「何から手を付けていいかがわからない」という状態を抜け出し、「売上が下がった原因を突き止める」という次のアクションに向かうことができるようになります。そして、売上が下がった原因が、「客単価が下がったこと」だとわかったとしたら、次は、

> どのようなお客様の客単価が下がったのか？

という、さらなる「問い」を立てるのです。もし「特に若者層の客単価が下がった」ことがわかれば、次の「問い」は、

> なぜ若者の客単価が下がったのか？

という形で、次々と「問い」を重ねていけば**「問い」が「何を考えるべきか？」の範囲を絞り込んでくれるので、効率的に問題解決の糸口を見いだしやすくなります。**

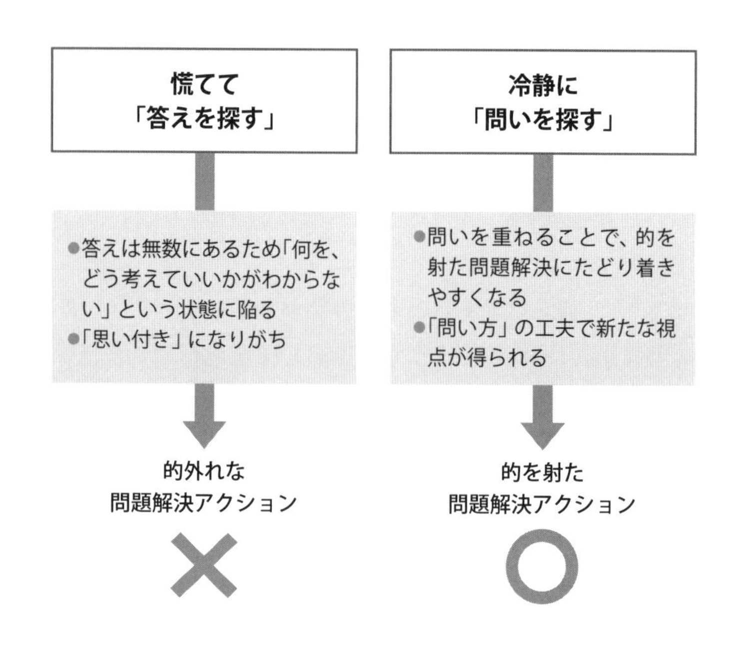

＊

「答え」を性急に得ようとすると、かえって頭がこんがらがって「何をどう考えていいかがわからない」という状態に陥ってしまい、仕事の生産性を落としてしまうことがあります。

そんなときには「いきなり答え」を探さずに、「次のアクションにつながる適切な問い」を探すことを意識してみてください。

そうすれば「そもそも何を考えていいかわからない」という

状態を減らせるだけでなく、さまざまな「問い方」を通して新たな視点が得られ、創造的な問題解決ができるようになるはずです（図 47）。

hack 47 のまとめ

◎すぐに「答え」を探そうとするのではなく、まずは「問い」を探す。

◎「問い方」の引き出しを増やせば、創造的な問題解決ができる。

正解にこだわる→仮説で走る

正解思考から仮説思考へ

☹ 正解を知らないことが恥ずかしい。
☹ 正解を導くために、もっと勉強しなければならない。

　会議などのシーンで、次のように考えてしまい、なかなか発言できないことはないでしょうか？
「みんなの前では〝正しいこと〟を言わないといけない」
「自分の意見が間違っていたらどうしよう」
　このようなときは**「この世の中に〝正解〟など存在しない。未来に向けた〝可能性〟があるだけ」**と考えてみてください。「どこかに正解がある」という固定観念はさまざまな弊害を生み出してしまいます。筆者の場合「正解を知らないこと」は「恥ずかしいこと」と思い込んでいた時期があり、何かわからないことがあるたびに、ひたすらインターネットで検索したり、漁（あさ）るように本を読んで知識を身につけようとしていました。
　しかしその結果、「正解は自分以外のどこかから与えられるもの」になっていき、「自分の頭で考える」という主体性が、どんどん失われていきます。すると、「調べたらわかるような知識」の話はできても、「自分ならではの意見」が言えなくなり、「で？　どう思うの？」と聞かれても、答えられない局面が増えていきました。やがて「どう思う？」とすら聞かれなくなり、あたかも透明人間であるかのような扱われ方になっていったのです。

こうして「どこかに正解がある」と考える「正解思考」は、筆者の「自信」と「誇り」を奪っていきました。

しかし、社会も、仕事も、そしてこれを読んでいるあなたも、常に未来に向けて進んでいます。そして、未来を正確に言い当てられる人間など存在しない以上、**この世の中には「正解」など存在しません。**常に目の前にあるのは、未来に向けたさまざまな「可能性」だけであり、その「可能性」はあなた次第で変えたり、つくっていけるものです。

どんなに優秀な上司が言ったことも、どんなに著名な専門家が言ったことも、そして本書の内容でさえ、すべては誰もが知りえない未来に向けて「こうかもしれない」という可能性の1つでしかありません。

この「可能性」のことを、ビジネスの世界では「仮説」と言います。「仮説」とは、言い換えれば「まだ検証されていない仮の答え」のことで、「まだ検証されていない」わけですから、**「正**

解」である必要はありません。

それでは、どうすれば正解にこだわらず「自分なりの仮説」を生み出すことができるようになるのでしょうか？　仮説を生み出すうえでのポイントは次の２点です。

Contents

ポイント１：物事を見る視点を増やす
ポイント２：法則をストックする

ポイント１：物事を見る視点を増やす

普段仕事をしている中で、「ある１つの視点から物事を考えていったら、行き詰まってしまった」という経験は、よくあることです。

考えが行き詰まっているときは、つい一面的な視点で凝り固まっていることが多いものです。このようなときには、別の視点から物事をとらえ直すことで、一気に行き詰まりが打開できる場合があります。

たとえば、「ガソリンスタンドのプロモーション戦略を考えてください」と言われたら、どのようなプロモーション戦略を考えるでしょうか？

「ガソリンスタンドは、ガソリンを提供するサービス」

「ガソリンスタンドなんて、どこも似たようなもので、差別化のポイントが見いだせない」

ガソリンスタンドを「ガソリンを提供するサービス」という視点でとらえようとすると、なかなか妙案が思い浮かばず、行き詰まってしまいそうです。

しかし、ガソリンスタンドを「ドライバーとスタッフが触れ合う場所」という別の視点でとらえ直してみるとどうでしょう？　「ココロも満タンに、コスモ石油」という有名なキャッチコピーがありますが、これなどは「ガソリンスタンド＝ドライバーの心を満たす場所」という視点でつくられたキャッチコピーです。

このように、あらゆる物事は違った視点から眺めてみることで、これまでとは異なる別の側面が現れてくることがあります。この「視点」を自由自在に操ることができれば、数多くの「新しい仮説」を生み出すことができるようになります（hack 39→210ページ）。

ポイント２：法則をストックする

仮説を生み出すポイントの２つ目は「物事は、ああなればこうなりやすい」という法則を、数多くストックしておくことです。

たとえば、日々の仕事や生活の中で「人は、性能よりストーリーのほうに共感しやすい」と感じたとしましょう。そうしたら、この「法則」を忘れずに自分の頭の中の引き出しにストックしておくのです。あるいは、メモ帳にメモしておくのもいいでしょう（hack 43→232ページ）。

すると、「何かいいプロモーション企画を考えて」と依頼されたときに、「商品のカタログ的な性能を打ち出すより、開発ストーリーを打ち出したほうが共感を得られやすいのではないか？」などと、法則を応用して自分ならではの仮説を考えることができます。

このように「ああなれば、こうなりやすい」という「法則」を自分の中にストックしておくことができれば、さまざまな機会に応用し、素早く仮説を導き出せるようになります。

hack 48 のまとめ

◎ **未来にあるのは「正解」ではなく「可能性」。**

◎ **物事を見る視点を増やせば、新たな仮説の発見につながる。**

◎ **「法則」をストックすると、素早く精度の高い仮説を生み出せるようになる。**

hack 49 思いつき→フレームワーク

勘や発想力に頼らず、当てはめて考える

☹分析しようにも、どう手をつけていいのかわからない。

☹ゼロから考える時間がない。

仕事の世界は「情報収集」「アイデア出し」「資料作成」「プレゼンテーション」など、その業務は多岐にわたります。これだけ世の中のスピードが速まった現在では、すべての業務をゼロから考えていたのでは、いくら時間があっても足りなくなってしまうでしょう。

このようなときに活用したいのが「フレームワーク」です。フレームワークとは、物事を調べたり、考えたりするうえでの「枠組み」のことを指し、多くの経営学者やコンサルタントが「このような枠組みで物事をとらえるとうまく行きやすい」とまとめたものです。

たとえばマーケティングの世界では「PEST」というフレームワークがあります。「PEST」とはPolitics（政治的要因）、Economy（経済的要因）、Society（社会的要因）、Technology（技術的要因）の頭文字を取ったもので、「世の中の動きをこの４つの視点でとらえましょう」という意味合いのフレームワークです。

フレームワークの利点は、次の３つに集約されます（図 49-1）。

Contents

メリット１：全体を定義してくれる
メリット２：考える取っ掛かりを与えてくれる
メリット３：モレやダブリを防いでくれる

メリット１：全体を定義してくれる

上司から「世の中の流れを情報収集しといて」と頼まれたらどうしますか？　「世の中」といってもその範囲は広く「どこからどこまでを〝世の中〟としてとらえればいいのか？」で途方に暮れてしまうかもしれません。

しかし、先の「PEST」というフレームワークを知っていれば、自社のビジネスに関連のある４つの動きを押さえておけばOKと、全体を定義することができます。

このように、フレームワークを知りうまく活用すれば「どこから、どこまで」という範囲が明確になるので、仕事の生産性は大きく向上します。

図49-1 「フレームワーク」の利点

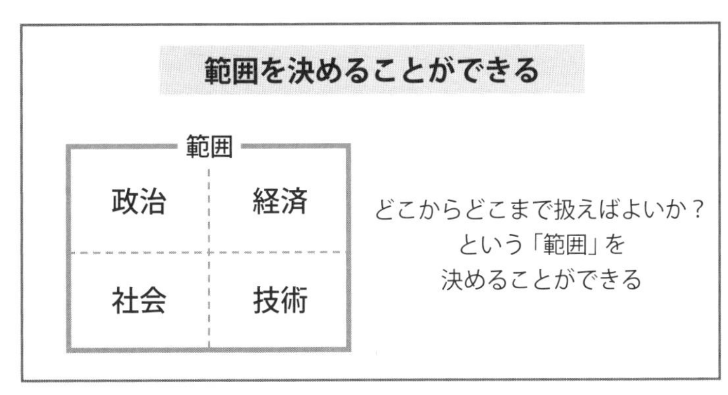

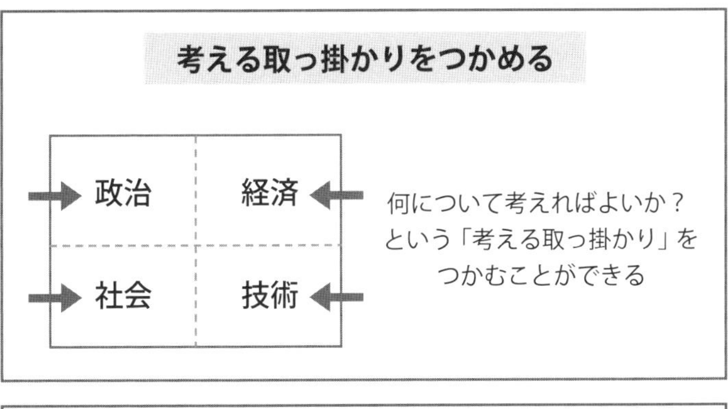

モレやダブリを防ぐことができる

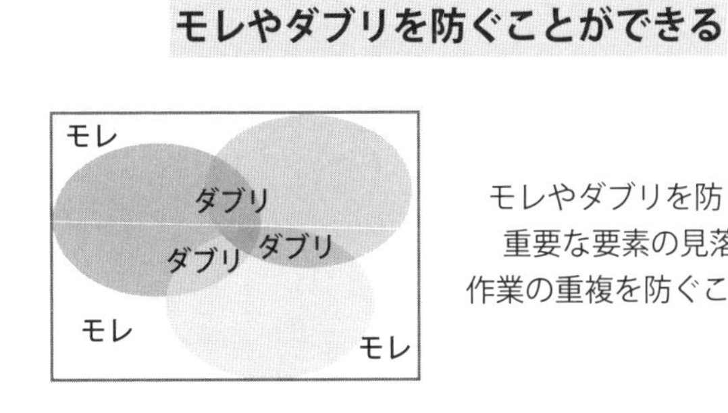

モレやダブリを防ぐことで、
重要な要素の見落としや、
作業の重複を防ぐことができる

メリット2：考える取っ掛かりを与えてくれる

たとえば上司から「売れる新商品のアイデアを考えてくれ」と頼まれたとき、あなたは何を取っ掛かりにアイデアを考えますか？

マーケティングの世界には「3C」というフレームワークがあります。「3C」とは「市場・顧客(Customer)」「競合(Competitor)」「自社(Company)」の頭文字を取ったものです。この「3C」を知っていれば、次のように売れる新商品を考えるうえでの「取っ掛かり」をつかむことができ、スピーディーに物事を考えられるようになります。

Customer：市場や顧客のニーズを満たす新商品とは？
Competitor：競合商品がまだニーズを満たしていない新商品とは？
Company：自社の強みを活かせる新商品とは？

メリット3：モレやダブリを防いでくれる

この本をお読みのあなたなら、MECEという言葉を聞いたことがあるかもしれません。MECEとは「Mutually Exclusive and Collectively Exhaustive」の頭文字を取った略称で「モレ

図49-2 押さえておきたいフレームワーク一覧

●事業環境面の問題発見に使う

PEST	「政治的要因」「経済的要因」「社会的要因」「技術的要因」
ファイブフォース	「買い手の脅威」「売り手の脅威」「新規参入の脅威」「代替品の 脅威」「市場内競争の脅威」
3C	「市場・顧客」「競合」「自社」
4P	「商品」「価格」「流通」「プロモーション」

●組織面の問題発見に使う

7S	●ハードの3S：「戦略」「組織構造」「仕組み・制度」 ●ソフトの3S：「理念」「組織文化」「人材」「スキル」
Will・Can・Must	「やりたいこと」「できること」「やるべきこと」
カッツモデル	「業務遂行能力」「対人関係能力」「概念化能力」

●オペレーション・業務プロセス面の問題発見に使う

バリューチェーン	●主活動：「購買物流」「製造」「出荷物流」「マーケティング」「販売」「サポート」 ●支援活動：「調達」「技術開発」「人材管理」「業務インフラ・システム」
QCD	「品質」「コスト」「スピード」
PDCA	「計画」「実行」「チェック」「修正」

●コスト・財務面の問題発見に使う

固変分解	「固定費」「変動費」
直間費	「直接費」「間接費」

なくダブリなく」という意味です。

情報収集や分析に「モレ」があれば、成果につながる重要な要素を見落としてしまうかもしれません。一方で「ダブリ」があれば、同じような作業が重複してしまうので、仕事の生産性を落としてしまいます。

しかし、**多くのフレームワークは、あらかじめ MECE につくられている**ので、フレームワークに沿って情報収集や分析を行えば、「重要な要素の見落とし」「同じような作業の重複」を防ぐことができます（図 49-2）。

hack 49 のまとめ

◎ フレームワークを使えば「どこから、どこまで」という範囲が明確になる。

◎ フレームワークを使えば、物事を考える取っ掛かりがつかめる。

◎ フレームワークを使えば「要素のモレ」や「作業のダブリ」を防ぐことができる。

視野を広げて選択肢を増やす

☹目の前の問題にとらわれてしまう。

「全体を押さえてから物事を考えろ」
「長期的な視点で物事を考えろ」

上司から、このように指摘されたことはありませんか？　つい集中して仕事をしていると、「自分のこと」「目先のこと」に目が向きがちです。しかし「井の中の蛙（かわず）大海を知らず」ということわざにもある通り、狭い視野にとらわれたままでは考えの幅が狭くなり「新しい可能性」に気づくことができなくなってしまいます。

また、「自分のこと」「目先のこと」だけに目を向けていては、個別の物事に振り回され「全体の傾向」や「長期的な見通し」に基づいた大局的な判断ができなくなることもあります。

さらには、視野が狭いと「自分に見えている範囲」でしか物事を考えられないため、「自分が見えている範囲外」に想像が至らず、気がつかないうちに思い込みや偏見の温床となりがちです。

このような状態を避けるためには、常に次のように意識する習慣をつけなければなりません。

今、自分がやっている作業は〝部分だ〟

「部分」と「全体」の違いとは？

この意識を持つことで、視野は広がり「何が全体なのか？」に気づけるようになるのですが、例を使って説明しましょう。

仮に、自分が売上の低迷に悩まされている納豆メーカーのマーケティング担当者だったとしましょう（図50）。

ここであなたが「納豆市場の競争に勝つには？」という問いを立てたとしたら、競合する納豆商品をリストアップしたうえで「ライバル商品Ａに勝つには？」「ライバル商品Ｂに勝つには？……」など、詳細な競合比較をすることになるでしょう。

しかし、「納豆市場は部分でしかない」ととらえ直すことができたとしたら、何が見えてくるでしょうか？　納豆は、ご飯の上にのせるもの。だとしたら、「納豆」は「ご飯の上に乗せるもの」の一部でしかないことに気づくはずです。言葉を変えれば、「ご飯の上に乗せるもの市場」が「全体」で、「納豆市場」

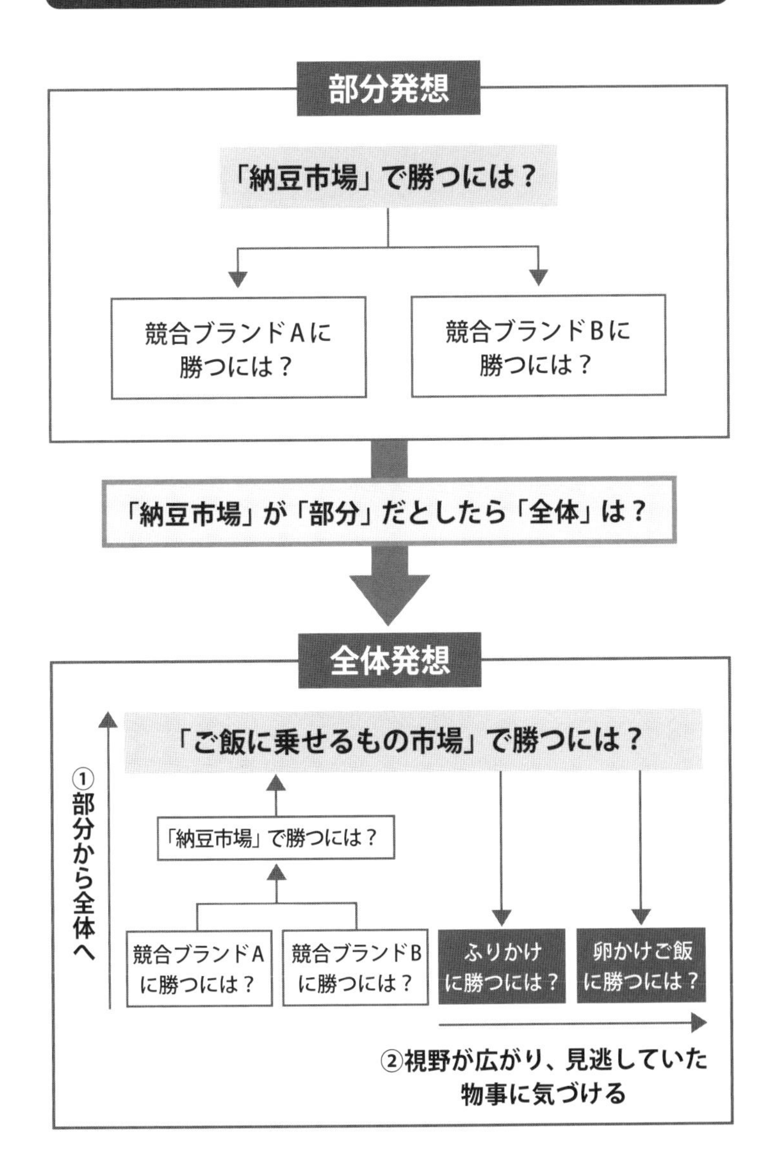
図50
「部分」から「全体」を考える
部分発想
「納豆市場」で勝つには？
競合ブランドAに勝つには？
競合ブランドBに勝つには？
「納豆市場」が「部分」だとしたら「全体」は？
全体発想
「ご飯に乗せるもの市場」で勝つには？
①部分から全体へ
「納豆市場」で勝つには？
競合ブランドAに勝つには？
競合ブランドBに勝つには？
ふりかけに勝つには？
卵かけご飯に勝つには？
②視野が広がり、見逃していた物事に気づける

が「部分」です。

そう考えると、競合商品は「納豆商品」だけでなく、「ふりかけ」や「卵（かけご飯）」なども視野に入ってきます。すると、売り上げ低迷の原因は「ライバルの納豆商品」ではなく、「ふりかけ商品」に気づくことができるかもしれません。

だとしたら、あなたが考えるべき問いは「ライバルの納豆商品に勝つには？」ではなく「ふりかけ商品に勝つには？」になります。

*

以上のように、**「今、自分がやっている作業は〝部分だ〟」ととらえ直す習慣を持てれば、視野は格段に広がり、これまで見逃していたさまざまな物事に気づけるようになります。**

すると、問題解決に向けた選択肢も広がっていくはずです。

hack 50 のまとめ

◎ 今の作業は「部分だ」ととらえ直す習慣を持つと視野が広がる。

◎ 視野が広がると、新たな可能性や別の選択肢に気づけるようになる。

hack 51 不安になる→今の行動

不安を抱えながらも行動に移す

😣 うまくいくかどうか不安で、前に進めない。

😣 失敗したときのリスクを考えると、挑戦できない。

新たなチャレンジが求められる仕事を目の前にすると、人はつい「失敗したらどうしよう」などと不安になり、これから起きるかもしれないマイナス面ばかりを考えてしまいがちです。すると、なかなか一歩を踏み出せないどころか、今の仕事すら手につかなくなってしまうことも、よくあることです。

このような状況に陥ってしまったときは、ぜひ次の3つを実践してみてください。

Contents

ステップ1：まずは1週間だけ、覚悟を決める

ステップ2：「未来の結果」ではなく「今の行動」に集中する

ステップ3：次の1週間でステップ1、2を繰り返す

ステップ 1: まずは 1 週間だけ、覚悟を決める

まず実践してほしいのは「1 週間だけ、覚悟を決める」ことです。つまり新しいチャレンジを「これからずっと続くもの」と重くとらえるのではなく「とりあえず 1 週間、全力でがんばってみるチャレンジ」と気軽にとらえてみるのです（図 51）。

ステップ 2：「未来の結果」ではなく「今の行動」に集中する

「1 週間、がんばってみる」と決めたのであれば、もはや「失敗したらどうしよう」と未来の結果に想い悩む局面は過ぎています。

選択したはずの道の途中で思い悩んで立ち止まっても、物事は前に進まないのです。「この 1 週間はしっかり進む」という選択肢しかないので、全力で行動に集中しましょう。

「うまくいかなかったら、どうしよう」と考えてしまう人は、新しいチャレンジを目の前にすると、実態以上に重く受け止めてしまいがちです。しかし、こと仕事に関して言えば、あなたの一生を左右するような重い覚悟が必要なチャレンジは、そう多くはありません。会社が倒産するわけでもなければ、誰かが死ぬわけでもないのです（hack 41 → 223 ページ）。

図51 「悩む」より「行動」へ

決める段階

- 「挑戦」を重くとらえない
- 一生を左右するような覚悟が必要なチャレンジは、そう多くはない
- 結果を変えるのは「運命」ではなく「自分の行動」

「1週間だけ、覚悟を決める」

行動する段階

- 選択したはずの道の途中で悩んでも、物事は前に進まない
- 「失敗したらどうしよう」と未来の結果に悩む局面は過ぎている
- 行動し続ければ、1週間前には見えなかったものが見えてくる

「行動に集中する」

1週間ごとにゴールに近づく実感が持てるようになり、「うまくいかなかったら？」という不安は、消えていく。

それに、「結果」を決めるのは「運命」ではなく「行動」ですから、直接コントロールできない「未来の結果」に目を向けるのではなく「1週間」と期間を区切って、直接コントロールできる「行動」に集中したほうが、物事は前に進んでいきます。

ステップ3：次の1週間でステップ1、2を繰り返す

こうして1週間全力で行動してみると局面が変わり、1週間前には見えていなかったものが見えてくるようになります。そうしたらまた、次の2つを繰り返してください。

ステップ3-1：次の1週間だけ、覚悟を決める
ステップ3-2：「未来の結果」ではなく「今の行動」に集中する

そうすれば**1週間経つごとにゴールに近づく実感が持てるようになり、気がつけば「うまくいかなかったら、どうしよう」という不安は、消えているはず**です。

hack 51 のまとめ

◎ **挑戦を重く受け止めず、期間を限定して覚悟を決める。**
◎ **一度決めたら、行動に集中する。**

hack

第8章 『発想』の生産性を上げる

hack 52

結論を考える→前提を洗い出す

常識を覆すアイデアを生み出す

☹なかなか、良いアイデアが浮かばない。
☹どこかで見たようなアイデアしか出てこない。

生産性を大きく落とす筆頭格といえば、「考えても考えても、アイデアが出ない」ではないでしょうか？　特に理論派を自任する人ほど「発想力」や「アイデア」に苦手意識があるようです。

アイデアを考えようとすると、人はつい性急に「アイデア」という「結論」を求めがちです。

しかし、いきなり直接的にアイデアを考えようとしても、人には「常識」や「先入観」が存在するので、「すでにあるもの」に縛られて、なかなか良いアイデアは思い浮かばないものです。その結果「どこかで見たようなアイデアしか出てこない……」となりがちなのです。

そうした煮詰まった状況を打破するシンプルな方法が、次の2つのステップです。

Contents

ステップ 1：今の常識を洗い出す

まず、いきなり「アイデア」という「結論」を考える前に「前提を洗い出す」という手順を加えてください。

理解しやすいように、「ホテル」を例に解説しましょう。

「新しいホテルのアイデア」を考えるとき、多くの人は「どんなホテルなら新しいか？」と、いきなり結論を求めてしまいがちです。しかしその前に「ホテルに対して、無意識に置いている前提は何か？」を洗い出してみるのです。別の言い方をすれば「ホテルと言えば、何が常識なのか？」を洗い出すともいえます。

たとえば「ホテルの常識」は、次のようなものが挙げられます。

- ホテルとは、泊まる場所である
- ホテルとは、整然とした場所である
- ホテルとは、おもてなしの場所である

どんなに「当たり前すぎてバカらしい」ことでも構わないので「ホテルとは、普通はこうである」という常識を、ひたすら洗い出してみてください。すると、簡単に10個や20個は洗い出せるはずです。

●ステップ２：その常識を覆す

「ホテルの当たり前」が洗い出せたら、次にするのは「もし、それが当たり前じゃないとしたら？」と、半ば強制的に「当たり前を覆しにかかる視点」を入れることです。たとえば、次のようにです（図52）。

- ホテルとは、泊まる場所である→泊まる場所でないとしたら？
- ホテルとは、整然とした場所である→整然とした場所でないとしたら？
- ホテルとは、おもてなしの場所である→おもてなしの場所でないとしたら？

すると、ホテルに対する「常識」や「先入観」を特定したうえで、それらを覆す視点を入れることになるので「これまでになかったアイデア」を発想しやすくなります。

たとえば、次の通りです。

図52　前提を覆す視点を入れる

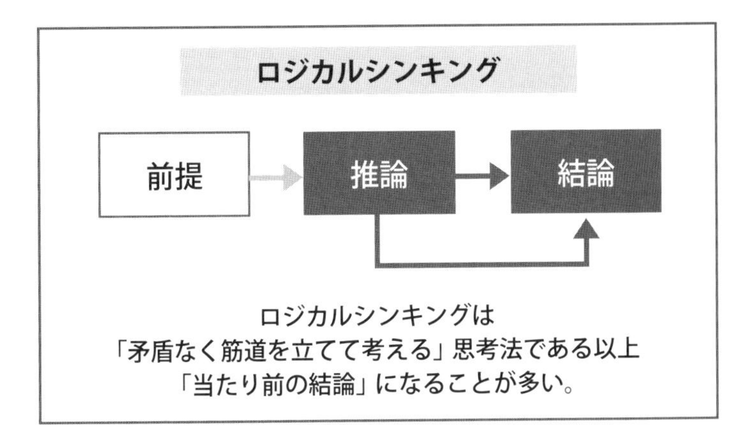

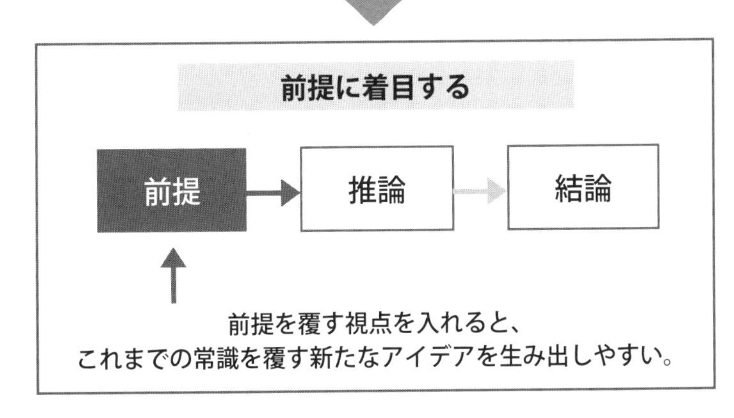

●ホテルが泊まる場所でないとしたら？
☞友だち同士がアフターファイブに家飲み感覚で楽しめるホテル
☞各部屋でスポーツや音楽のパブリックビューイングが楽しめるホテル

●ホテルが整然とした場所でないとしたら？
☞「ドン・キホーテ」のような魔境感があるホテル
☞館内でアスレチックが楽しめるホテル

●ホテルがおもてなしの場所でないとしたら？
☞館内でキャンプが楽しめるホテル
☞別荘のように、場所以外はすべてセルフサービスのホテル

アイデアやイノベーションとは「常識を覆し、新しい常識を生み出すこと」だと言われます。だとすれば、いきなり「新しい常識」という結論に飛びつく前に、**「今の常識は何か？」→「その常識を覆すとすれば？」という手順を踏むほうが「常識を覆すアイデア」は生み出しやすくなります。**

＊

思考や発想のプロセスには、大きく分けて「前提を置く」→「推論を働かせる」→「結論を得る」という3つのステップがあります。ロジカルシンキング（hack 40→215ページ）は主に「推論を働かせる」「結論を得る」という後ろの2ステップを重視しますが、「アイデア」の場合は初めのステップである「前提を置く」という部分に着目し「前提を覆す視点を入れる」のがコツです。

冒頭に「理論派の人ほど発想力に苦手意識がある」と書きましたが、思考のプロセスを「前提→推論→結論」に分けて「アイデア＝前提を崩しにかかること」が理解できれば、苦手意識も払拭（ふっしょく）できるのではないでしょうか？

hack 52 のまとめ

◎ **拙速にアイデアに飛びつかない。まずは「当たり前」を洗い出す。**

◎ **洗い出した「当たり前」に対して、覆す視点を持つ。**

hack 53

具体的に考える→概念的に考える

具体と概念を横断してアイデアを出す

😣「アイデアマン」と呼ばれる人の思考回路を知りたい。

ビジネスの世界には、1つの物事を手掛かりに、次々にアイデアを生み出すことができる「アイデアマン」と呼ばれる人たちがいます。いったい「アイデアマン」と呼ばれる人たちは、どのような頭の使い方をしているのでしょうか？

アイデアマンと呼ばれる人たちが、共通して身につけている頭の使い方があります。それは「概念」と「具体」を自由自在に横断する頭の使い方です。

Contents

ポイント1：具体→概念

ポイント2：概念→具体

ポイント1：具体→概念

例を使って解説しましょう。今、あなたの目の前に「紙」があったとします。アイデアマンと呼ばれる人たちは、「紙」を「物理的な紙」から離れて「形のない概念」としてとらえ直そうとします。たとえば、次のような要領です。

① 紙＝文字や絵を描くもの
② 紙＝何かを包むもの
③ 紙＝折るもの
④ 紙＝拭くもの
⑤ 紙＝敷くもの
⑥ 紙＝貼るもの
⑦ 紙＝飾るもの
⑧ 紙＝濾(こ)すもの

このように「紙」という具体的なものから離れてとらえ直すと、いくつもの「形のない概念」を取り出せることがわかります。「紙」という「物理的な実体」に縛られずに、そこから離れて「概念」としてとらえ直すことで、多くのアイデアを生み出しているのです。

今回の例でいえば「紙」という1つの要素から8つの「概念」

を取り出しています。この「概念」のことを、ビジネスの世界では「コンセプト」と言います。

ポイント２：概念→具体

さらにアイデアマンは、**１つの要素から取り出した「形のない概念」を、今度は「どう具体化しようか？」と頭を使い始めます。**先ほどは「具体→概念」へ横断する頭の使い方でしたが、今度は「概念→具体」へ横断する頭の使い方をするのです。たとえば「紙＝包むもの」という「概念」に対しては、

① 手紙を包むもの＝封筒
② プレゼントを包むもの＝ギフト用包装紙
③ 荷物を包むもの＝段ボール
④ お金を包むもの＝のし袋
⑤ 赤ちゃんのお尻を包むもの＝紙おむつ

などのように具体化できます。先ほど「紙」から８つの概念が取り出せましたが、もし１つの概念ごと５つを具体化できれば、８つの概念×５つの具体化で合計40個ものアイデアを生み出すことが可能になります。これが「アイデアマン」と呼ばれる人の頭の使い方の正体です（図53）。

図53 「具体」と「概念」を往復する

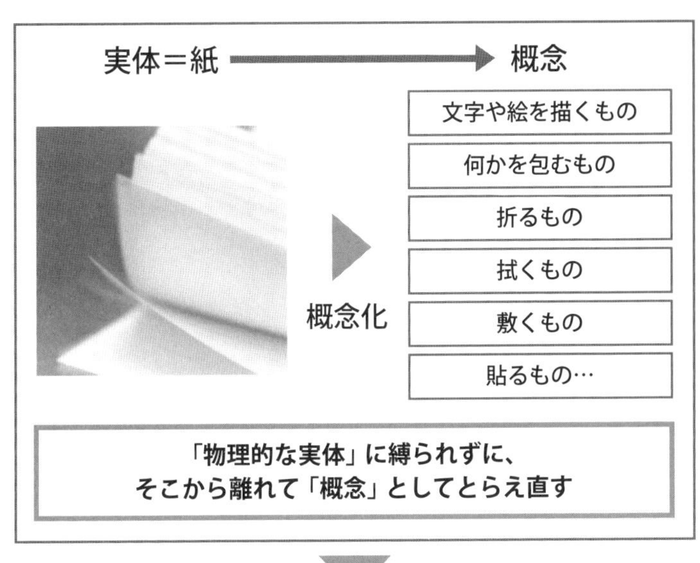

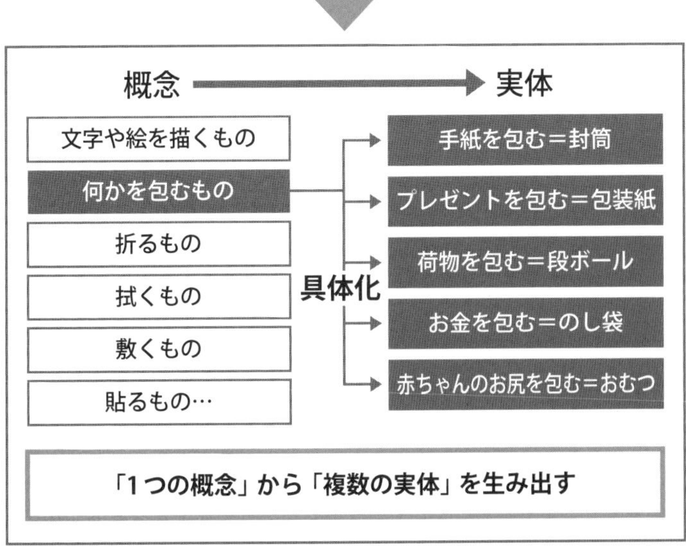

＊

通常「具体的な物事」は１つしかありません、しかし、「具体的な物事」をとらえる際の「切り口」は無数に存在し、切り口の数だけ「概念」は存在します。アイデアマンはそのことをよく理解しており「具体的な物事にとらわれるより、形のない概念でとらえ直したほうが多くのアイデアを生み出しやすい」ことを理解しています。

また、いったん「形のない概念」を取り出してしまえば、その概念を取っ掛かりに「具体化する方法」を考え、さらにアイデアを広げられることも知っています。

このように「概念と具体を自由自在に横断する頭の使い方」をマスターすれば、才能の有無にかかわらず、誰でも多くのアイデアを生み出すことができるようになります。

hack 53 のまとめ

◎「具体的な物事」を「形のない概念」にとらえ直すと、アイデアを生み出しやすくなる。

◎「形のない概念」を取り出せれば、具体化する際にもアイデアは広がる。

アナロジーで考える

論理で考える↗

一を聞いて十を知る

😣アナロジー思考を身につけたい。

😣学びを他分野に応用したい。

ある程度の人数の会社であれば、「何をやらせても優秀な人」が１人くらいいるものです。

かれらの共通点は、すでに経験がある物事はもちろん、本人が知らない未経験の分野に対しても飲み込みが早く、一を聞いて十を知る能力を身につけていることです。

優秀なコンサルタントは、自分が未経験の問題に直面しても、「一を聞く」だけで「それは、○○ということではないでしょうか？」と「残りの九」を見立てることができます。また、業界経験がまったくない起業家が新しい分野で事業を成功させるのも「一を聞く」だけで「これは大きなビジネスになるアイデアだ」と「残りの九」を理解できるからです。

このように、たとえ未経験の分野であっても**「一を聞いて十を知る」ことができれば、視野は格段に広がり、多くの発想を**

生み出せるようになります。そのカギを握るのが「アナロジー」という考え方です（hack 40 → 215ページ）。

Contents

ステップ１：経験から学びを得る
ステップ２：個別の特性を一般化
ステップ３：学びを異なる分野に応用

ステップ１：経験から学びを得る

アナロジーとは、**「経験から得た学び」を「未経験の分野に当てはめて応用する」頭の使い方**のことを言います。よりわかりやすく理解するために「RPGゲーム」を題材に、解説していきましょう。

RPGゲームには、総じて次のような要素が存在します。

① 漫然とプレイしているだけでは主人公は死んでしまい、ゲームを攻略できない
② ゲームの主人公は、敵のモンスターを倒すことで経験値がUPしていく
③ ゲームの主人公は、さまざまな道具を手に入れることで強くなっていく

しかし、これだけでは単に「RPGゲームの特徴の羅列」でしかありません。RPGゲームのプレイ経験から、次のような学びを得たとしましょう。

① 個々のダンジョンの配置や難易度をあらかじめ知っていれば、攻略しやすくなる
② 経験値UPの速度を上げるには、多くの経験値をくれる敵を優先的に倒すのが効率的だ
③ ゲームのキャラクターには資質や性格があり、それぞれの資質や性格に合った道具を見つけないと強くならない。

ステップ2：個別の特性を一般化

次にRPGという個別の世界から離れて、より一般化してとらえ直してみましょう。すると、次の通りになります。

① 物事を攻略するには「全体像」知り、それぞれの部分の「難易度」を把握することが重要だ
② 成長のスピードを上げるには、優先順位を考える必要がある
③ 人にはそれぞれ個性があり、成長するためには個性に合った方法を見つける必要がある

ステップ3：学びを異なる分野に応用

そしてRPGゲームを通して取り出した学びを異なる分野に応用すると、次の通りになります。今回は「スキルアップ」に応用してみましょう。

> ① ビジネススキルを身につけるには、まずは「ビジネススキルの全体像」を知り、「それぞれの分野の難易度」を把握することが重要だ
> ② ビジネススキルを身につけるスピードを上げるには、優先順位を考える必要がある
> ③ ビジネススキルを向上させる方法に一般的な答えはなく、自分の個性に合った方法を見つける必要がある

ここまでお読みになって「RPGゲームのプレイ経験をビジネススキルに応用するなんて、飛躍しすぎでは？」と感じたかもしれません。しかし「一を聞いて十を知る人」は、まったく別の分野から学びを得て、自分の仕事に応用しようとする「アナロジー意識」を身につけています。

アナロジー能力を身につけることができれば、現状にとらわれない新しい発想ができるようになります。人は誰でも、経験

図54　「アナロジー」で発想を広げる

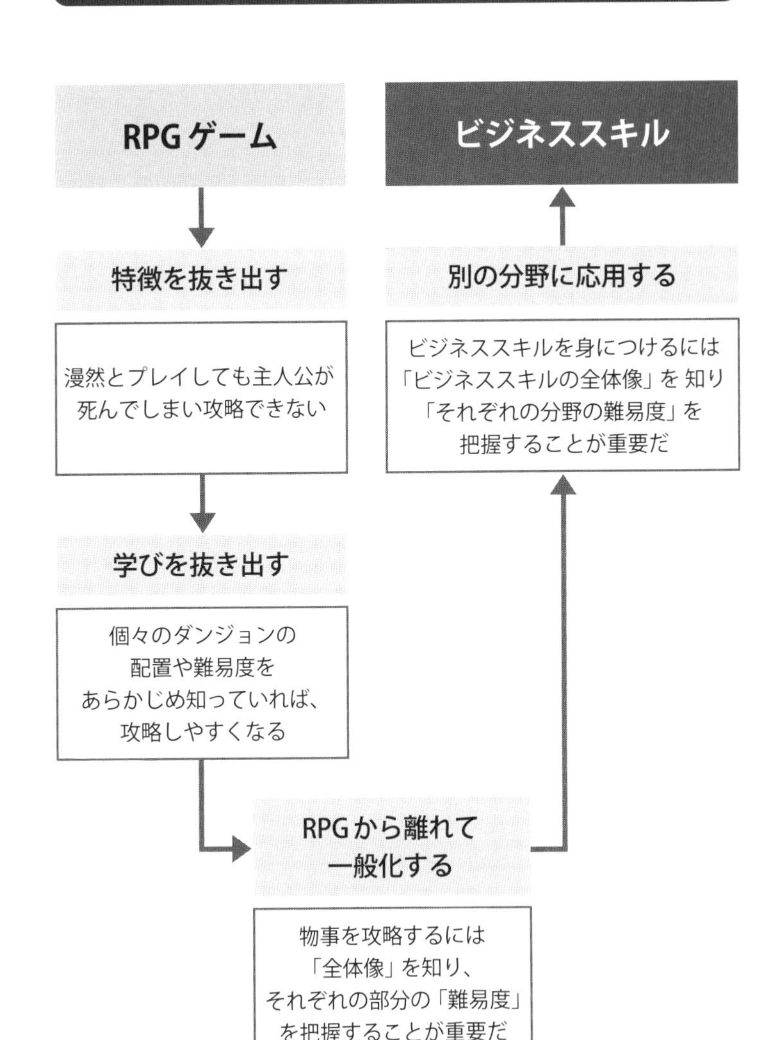

が長くなればなるほど「思考のパターン化」が起きて、過去の経験に頼りたくなるものです。しかし「過去の経験」に留まっていては、新しい発想が出づらいのは自明の理です（図54）。

しかし、アナロジーを身につければ「別の分野から得た学びを、自分がよく知る分野に当てはめて応用する」ことができるようになります。いわば**「自分の守備範囲の外側」に目を向け、そこから得られた学びを「自分の守備範囲の内側」に引き込む頭の使い方**ともいえます。この思考法によって、自分の守備範囲を越えた発想力や創造力が身につくのです。

逆を言えば、アナロジーの大切さに気がついてない人は、経験から得た学びを別の分野に当てはめて考える習慣がないため、「これはこれ、あれはあれ」と別々に考えてしまいがちです。

すると「業務から得た学びを、他の分野に応用できない」「業務から得た学びを、将来の業務に当てはめて応用できない」状態となってしまうため、「1を聞いて1しかわからない人」となり、発想の幅を大きく狭めてしまうのです。

hack 54 のまとめ

◎「経験から得た学び」を「未経験の分野に応用する」頭の使い方ができれば、発想の幅が広がる

hack 55 理性で考える→感情に着目する

合 理 性 よ り も 感 情 面 に 目 を 向 け る

😣ロジカルシンキングとは違う考え方を身につけたい。
😣感動を与えるような商品を開発したい。

ビジネスの世界では「理性的であること＝正しいこと」とされ、つい「感情」はおざなりにされがちです。むしろ「感情的になるな」「自分の感情をコントロールできてこそ一人前」など「感情＝ビジネスにとって邪魔者」という風潮すらあります。

しかし、人間の脳には「右脳と左脳」が備わっているように、人には必ず「理性的な面」と「感情的な面」の両方が存在します。そして、**こと「発想」や「アイデア」に関して言えば、あえて「感情の側面」に着目することが有効**な場合があります。

●誰もが合理的だと思うものは斬新なアイデアに至らない

例を使って解説しましょう。

今、目の前に「たくさんの種類の缶詰」があったとします。

これらの缶詰を詰め合わせて、魅力的な「詰め合わせギフト」に仕立てたいと思っています。あなたはどのように詰め合わせて、魅力的な詰め合わせに仕立て上げるでしょうか？

理性的に考えれば「消費者ニーズが高い人気食材の缶詰を詰め合わせる」「低価格で提供できるリーズナブルな缶詰を詰め合わせる」「災害時の非常食として食べられる缶詰を詰め合わせる」などが思い浮かぶでしょう。

確かに理にかなってはいますが「理にかなっている」とは、言葉を変えれば「誰もが合理的だと思う」ということですから、斬新なアイデアには至りにくいでしょう。

●感情に着目してアイデアを生み出す

そこで、今度は「感情の側面」に着目してみましょう（図55）。

たとえば、「遊園地」と聞いたら、多くの人はワクワクするでしょう。だとしたら「遊園地」をモチーフに「缶詰の詰め合わせ」を考えてみたらどうでしょう。詰め合わせ方法も、通り一辺倒に整然と並べるのではなく、メリーゴーラウンドのように配置してみる。詰め合わせの包装デザインも、遊園地を模したデザインにしてみる。詰め合わせのネーミングも「缶詰遊園

図55 「理性で考える」より「感情に着目する」

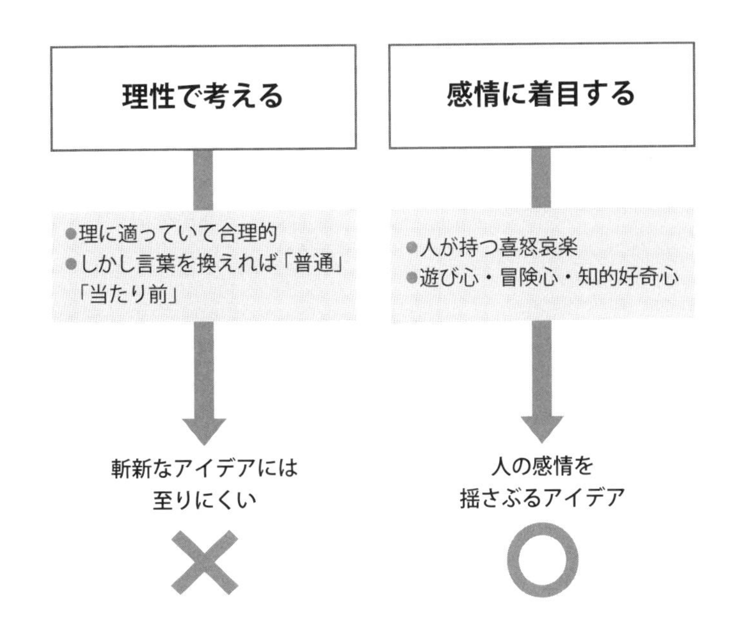

地」にしてみる……。

このように、**理性ではなく「人間が持つ遊び心」という感情面に着目する**と、これまでとはまったく違う「缶詰の詰め合わせのアイデア」が思い浮かぶでしょう。

あるいは、人間感情が持つ「知的好奇心」に着目すれば「図鑑」というモチーフが思い浮かぶかもしれません。だとすれば、魚介類の食材を中心に詰め合わせて、封入パンフレットに魚介の解説を加えれば、「食べて学べる図鑑のような詰め合わせ缶詰」

が出来上がるかもしれません。

また、人間が持つ「冒険心」に着目すれば、「旅」をモチーフに「あたかも世界を旅しながら味が楽しめる詰め合わせ缶詰」を考えることもできるでしょう。

*

現在、ビジネスの世界ではロジカルシンキング（hack 40→215ページ）がもてはやされていますが、だからこそ**「人間が持つ感情面に目を向ける力」は希少価値になりえます。**「理性」を超えて、人の感情を揺さぶるアイデアを生み出したいなら、ぜひ「人間が持つ感情」に着目してみてください。

hack 55 のまとめ

◎ 人間が持つ「感情」に目を向けると、新しい発想が生まれやすい。

◎ 人間が持つ「感情面に目を向ける力」は、希少価値になりえる。

hack 56 1人で考える→みんなで考える

文殊の知恵を手に入れる

😣1人でうんうん考えているうちに、煮詰まってしまう。
😣1人で考えていても、全然良い案が浮かばない。

責任感が強ければ強いほど、つい仕事を1人で抱え込んでしまいがちです。しかし、どのような仕事にも締切りがあり、後工程であなたの仕事の完了を待っている人たちがいるのですから、その人たちに迷惑はかけられません（hack 10→66ページ）。

特に「発想・アイデア系の業務」は、時間をかけたからといって良いアイデアが浮かぶとは限りません。むしろ時間をかければかけるほど、どんどん煮詰まっていきます。

人の頭には、入ってくる情報を整理し、体系化しようとする性質があります。そして、頭の中で情報の整理や体系化が繰り返されると、それらはやがて「思考のパターン」として固定化し、視野を狭めていくのです。

そこでぜひ意識してほしいのが**「自分の頭を使う」だけでなく「チームメンバーの頭を使う」**ことです。

うまく行かないときは、つい「視点」が1つに固まってしまっているものです。しかし、チームメンバーと一緒に考えれば、同じ物事を違う視点でとらえることができるようになります。いわば、自分1人では気づかなかった多様な側面に気づけるようになるのです。

そうすれば、固定化しがちな思考パターンはチームの力によって「矯正(きょうせい)」され、多面的な物の見方ができるようになります（図56）。

その際に、ぜひ意識してもらいたいポイントが、次の2つです。

Contents

ポイント1：多様なチームメンバーの力を借りる

ポイント2：寛容性を重視する

ポイント1：多様なチームメンバーの力を借りる

多様性は、時に「絵の具の色」にたとえられることがあります。もしチームメンバー全員が同じ色の絵の具であれば、完成した絵が殺伐なものとなるのは想像に難くありません。

しかしチームメンバー一人ひとりが多様な色の絵の具であれば、完成した絵はあなた1人の色を超えて、彩り豊かなものになるでしょう。

「自分1人で考える」ということは「自分の過去の延長線上」で答えを出そうとしていることであり、過去の延長線上では現

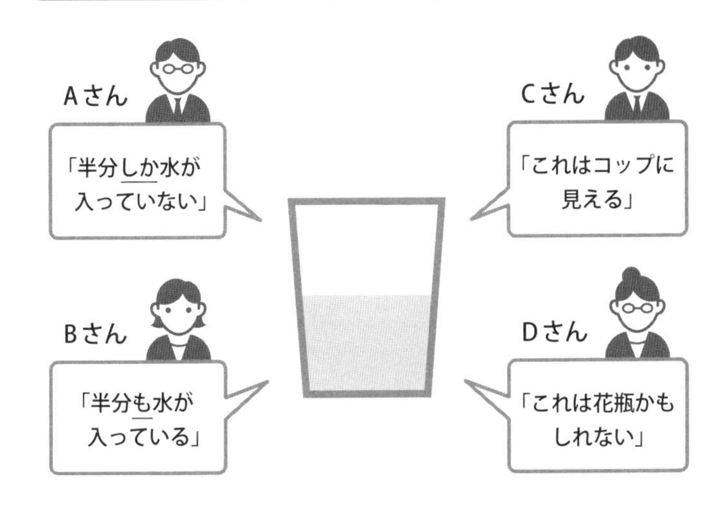

状を打破するようなアイデアは生まれにくいものです。

そこで、あえて自分を多様性の中に身を置いて、多様なチームメンバーのアイデアに耳を傾けることができれば、これまで頭の中にはなかった「視野・視座・視点」が得られ、より創造性の高いアイデアが生み出せるはずです。

ポイント２：寛容性を重視する

「寛容性」とは、自分とは異なる意見や考えも、いったんは「な

るほど」「そういう考えもあるな」と受け入れることを指します。

よく見られるのが、ロジカルシンキングに長(た)けた「自称・論客」が「論理」を盾に人の意見をバッサバッサと切っていく状態です。そのような状態になると、いつしかチームメンバーは「言っても無駄」「どうせ否定される」と感じ始め、当たり障りのない意見しか言わなくなってしまいます。

チームメンバー一人ひとりの「視点」や「考え」を素直に伝えることのできない環境は、多様性を活かし、創造力を発揮するうえで大きな障害となってしまいます。

したがって、新しいアイデアを生み出したいなら、自身がチームメンバーの意見に対して寛容になり、「なるほど」と受け入れるスタンスを持つことが大切です。

そうすれば、やがてチームメンバーは他人の反応に怯(おび)えたり恥ずかしさを感じることなく、自由に創造力を働かせるようになっていくはずです。

hack 56 のまとめ

- ◎「自分の頭を使う」だけでなく「チームメンバーの頭を使い倒す」。
- ◎ チームメンバーのどのようなアイデアも「なるほど」と受け入れるスタンスを持つ。

hack 57 現状から考える→未来から逆算する

理想の未来を設定して抜本的に解決する

☹ 小さな改善策しか見つからない。

人は、何か新しいアイデアを発想しようとするとき、知らず知らずのうちに次のどちらかの方法で発想しています。

Contents

方法1：「現状から未来を考える」発想をする

方法2：「未来から現状を逆算して考える」発想をする

これまでにない新しいアイデアを生み出したいなら、2つ目の**未来に目を向けて、未来から逆算して考える発想法がおすすめ**です。

人は新しいアイデアを考えようとするときに、つい「今、どうなっているか？」と現状に目を向けがちです。しかし、この方法だと「今、すでに起こっている問題」にしか焦点が当たらないため、生み出されたアイデアも「マイナスをゼロに戻しただけ」の小さなアイデアでしかなくなってしまいます。

一方で、まずは「理想的な未来」を描き、未来から逆算する視点を持てれば、過去や現在に固定化されていた思考パターンから解放され、より創造的なアイデアを生み出せるようになります。

方法1：現状から考えることの限界

以上をわかりやすく理解するために、例を使って解説しましょう。

今、所属している営業部の売上が低下傾向だったとします。その原因を分析したところ「営業担当者のテレアポの回数が減っていることが原因」だと判明しました。すると「現状から未来を考える」発想であれば「テレアポの回数を増やす」ことで「売上を増やす」のが、問題解決のアイデアとなるでしょう。

しかし、あなたが所属する営業部の営業担当者の数には限りがあります。そして一人ひとりの営業担当者が働ける時間にも限りがあるため「テレアポを増やす」にも限界が出てくるでしょう。このアイデアだと、多少売上は向上するかもしれませんが、いずれ限界が出てきてしまいます（hack 45 → 246ページ）。

方法２：理想的な未来からの逆算

では、「理想的な未来を描き、未来から逆算する視点」を持つと、どのようなアイデアが生み出せるでしょうか？　営業担当者にとって理想的な未来とは「テレアポをしなくても、見込み客のほうから勝手に引き合いがくること」です。

そう考えると「売っている商品の知名度を上げる」「ホームページ経由での引き合いを増やす」「営業担当者は（テレアポではなく）問い合わせ顧客のクロージングに集中する」などのアイデアが考えられるかもしれません（図57）。

このように、過去や現状をとりあえず脇に置き「理想的な未来」から逆算して考えると、現状の枠を超えたアイデアを生み出しやすくなります。

小さな問題解決よりも抜本的な改革

現状の小さな問題を一つひとつ解決していけば、いつかは問題のない完璧な理想像が実現するはず、と考えるのは錯覚です。「現状」という小さな範囲内で物事を考えてしまうと、現状の枠を超えた抜本的なアイデアに想いが至らず、「今の延長線上でもっとがんばる」という結論になってしまいがちなのです。

図57「現状から考える」より「未来から逆算する」

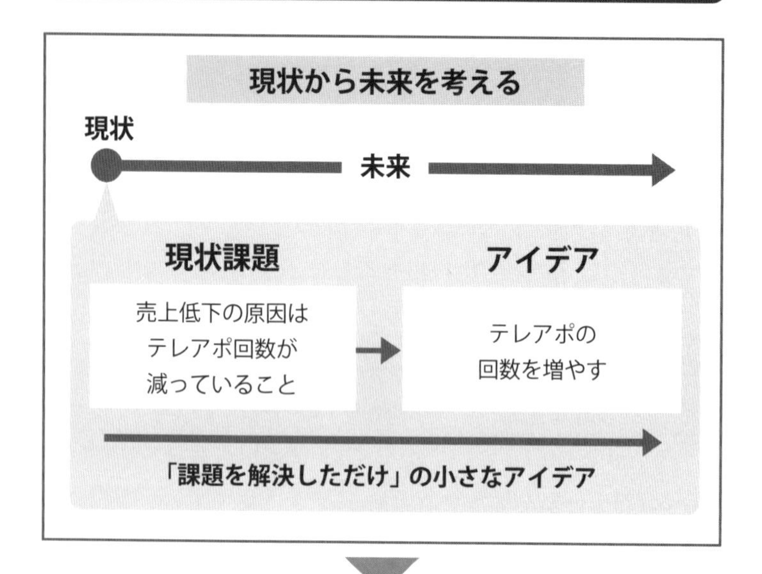

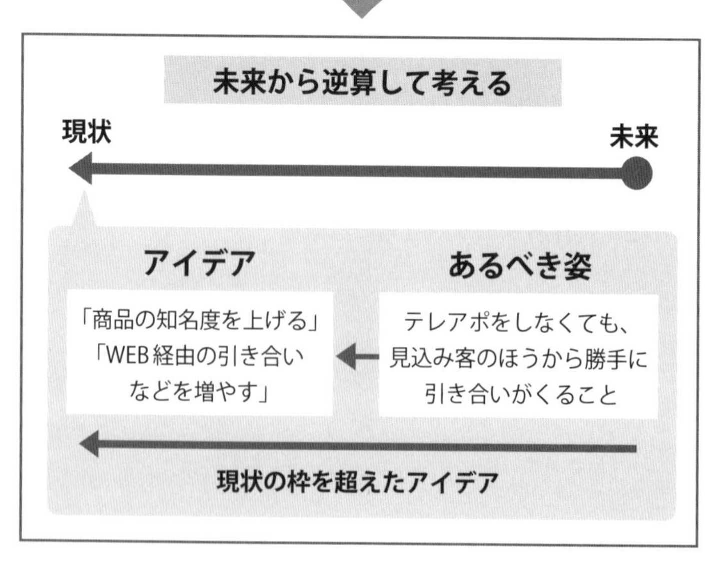

現状を変える抜本的なアイデアを生み出したいなら、まずは「理想のゴールとは何か？」を考え、「そのゴールを達成するために必要な条件は何か？」を洗い出し、「その条件を満たすには、どのような段取りと資源（人・モノ・金）が必要か？」という順番で考えるようにしましょう。

hack 57のまとめ

◎創造的なアイデアを生み出したいときは「理想的な未来」から逆算して考える。

あとがき

「世の中から、自信をなくす人を減らせないか？」

この想（おも）いが、本書を書こうと思ったきっかけです。「自信をなくす状態」とは、突き詰めれば次の２つからもたらされると筆者は考えています。

①正解を探そうとするマインドセット
②完璧を期そうとするマインドセット

一見、どちらも素晴らしい美徳のように思えますが、この２つは度を越えると仕事の生産性を落とし、自信を失わせ、メンタルを蝕（むしば）んでいきます。

本文でも書きましたが、人は神様ではないのですから、未来を正確に予測することはできません。

どのようなビジネスも「予測できない未来」に向けた営みである以上、「正解」など存在するはずもなく、そこにあるのは「未来の可能性」だけです。

しかし、いったん「どこかに正解があるはず」と思い込んでしまうと、ないはずの正解を追いかけることになるため、常に「自分は正解に至っていない」という劣等感を生み、自信を削り取っていきます。そして自信を失えば失うほど、次のチャレンジができなくなる。

このような状態を何とか解決できないかと思い執筆したのが、前回の著作である『問題解決力を高める「推論」の技術』(フォレスト出版)です。

将来の可能性に対する「推論力」を身につけることができれば、ないはずの「正解」から逸脱することを恐れ、何も行動しない自分を変えることができます。

そして、環境の変化からさまざまな可能性を見いだし、適切な推論を立て、能動的に可能性を切り拓いていこうとする自分をつくることもできるようになります。これが、前作で伝えたいことでした。

しかし一方で、どんなに「推論力」を身につけたとしても、過度に「完璧を期そうとするマインドセット」に侵されていれば、今度は行動面で自分の自信を削り取っていく原因になります。

このような状態を解決できないかと思い執筆したのが本書です。

日本人には「がんばることは、素晴らしいこと」という美徳があります。

どれだけ推論力を高めても「がんばること＝たくさんの仕事量をこなすこと」、あるいは「がんばること＝すべての仕事を、あるだけの時間を使って完璧に成し遂げること」と勘違いしてしまうと、「残業でなんとかすれば良い」という考えが当たり前になっていきます。

しかし、あなたが１日に働ける時間には限りがありますから、やがて仕事量が限界を超えてしまうと、「がんばって残業しても仕事が終わらない」という状態が日常的になってしまいます。

日本は先進国の中でも、とりわけホワイトカラーの生産性が低い国として知られます。

また、「労働人口の減少」や「働き方改革」「ワークライフバランス」などの流れを踏まえると、これからの時代に求められるのは「仕事量の多さで認められる」のではなく、できるだけ少ない仕事量で高い成果を上げる「仕事の質で認められる」ことです。

ぜひ、本書がその一助になれば幸いです。

最後となりましたが、本書を出版するにあたっては、多くの方々に協力と支援を頂きました。

出版に際して多くの尽力をいただいた、株式会社朝日広告社の熊坂俊一上席執行役員、石井弘益本部長、横尾輝彦局長。執筆期間中にさまざまな励ましをくれた、株式会社朝日広告社ストラテジックプランニング部の佐々木氏、水溜弥希氏、中野拓馬氏、梅野太輝氏、関口純平氏、村田理沙氏、バチボコの平松幹也氏。休日の時間を執筆に充てることに協力してくれた、妻・友香、長男・温就、長女・のどか、次女・つぼみ。

その他、ご尽力いただいたすべての方々に、この場を借りて厚くお礼を申し上げます。

なお、本書の内容はすべて筆者個人の見解であり、所属する組織を代表する意見ではないことを付け加えさせていただきます。

2020年9月

羽田 康祐　k_bird

主要参考文献

羽田康祐 k_bird『**問題解決力を高める「推論」の技術**』フォレスト出版
浅田すぐる『**すべての知識を「20 字」でまとめる 紙 1 枚! 独学法**』SB クリエイティブ
小宮一慶『**ビジネスマンのための「発見力」養成講座**』ディスカヴァー・トゥエンティワン
吉澤準特『**ビジネス思考法使いこなしブック**』日本能率協会マネジメントセンター
中村俊介『**「ピラミッド構造」で考える技術**』すばる舎
波頭亮『**論理的思考のコアスキル**』筑摩書房
内田和成『**仮説思考**』東洋経済新報社
細谷功『**アナロジー思考**』東洋経済新報社
苅野進『**考える力とは、問題をシンプルにすることである。**』ワニブックス
安宅和人『**イシューからはじめよ**』英治出版
泉本行志『**3D 思考**』ディスカヴァー・トゥエンティワン
安澤武郎『**ひとつ上の思考力**』クロスメディア・パブリッシング
細谷功『**具体と抽象**』dZERO
谷川祐基『**賢さをつくる頭はよくなる。よくなりたければ。**』CCC メディアハウス
石井守『**「誰でもアイデアを量産できる」発想する技術**』エムズクリエイト
河西智彦『**逆境を「アイデア」に変える企画術**』宣伝会議
グレッグ・マキューン著、高橋璃子訳『**エッセンシャル思考**』かんき出版
伊賀泰代『**生産性**』ダイヤモンド社
田路カズヤ『**仕事ができる人の最高の時間術**』明日香出版社
本田直之『**レバレッジ時間術**』幻冬舎
勝間和代『**断る力**』文藝春秋
大嶋祥誉『**仕事の結果は「はじめる前」に決まっている**』KADOKAWA
小林正弥『**最速で 10 倍の結果を出す他力思考**』プレジデント社
長谷川孝幸『**5 分間逆算仕事術**』三笠書房
佐々木正悟『**先送りせずにすぐやる人に変わる方法**』KADOKAWA/ 中経出版
越川慎司『**超時短術**』日経 BP 社
塚本亮『**「すぐやる人」と「やれない人」の習慣**』明日香出版社

横田尚哉『**ビジネススキルイノベーション**』プレジデント社
飯田剛弘『**仕事は「段取りとスケジュール」で9割決まる!**』明日香出版社
河野英太郎『**99%の人がしていないたった1%の仕事のコツ**』ディスカヴァー・トゥエンティワン
松本利明『**「ラクして速い」が一番すごい**』ダイヤモンド社
沢渡あまね『**職場の問題地図**』技術評論社
塚本亮『**ケンブリッジ式1分間段取り術**』あさ出版
柳生雄寛『**なかなか自分で決められない人のため「決める」技術**』ディスカヴァー・トゥエンティワン
吉田行宏『**成長マインドセット 心のブレーキの外し方**』クロスメディア・パブリッシング
伊藤羊一『**1分で話せ**』SBクリエイティブ
高田貴久『**ロジカル・プレゼンテーション**』英治出版
田中耕比古『**一番伝わる説明の順番**』フォレスト出版
深沢真太郎『**伝わるスイッチ**』大和書房
中尾隆一郎『**「数字で考える」は武器になる**』かんき出版
河田真誠『**革新的な会社の質問力**』日経BP社
粟津恭一郎『**「良い質問」をする技術**』ダイヤモンド社
新岡優子『**仕事の質が劇的に上がる88の質問**』日経BP社
河村有希絵『**課題解決のための情報収集術**』ディスカヴァー・トゥエンティワン
野崎篤志『**調べるチカラ**』日本経済新聞出版
坂口孝則『**社会人1年目からの「これ調べといて」に困らない情報収集術**』ディスカヴァー・トゥエンティワン
榊巻亮『**世界で一番やさしい資料作りの教科書**』日経BP社
永田豊志『**仕事がデキる人の資料作成のキホン**』すばる舎
清水久三子『**プロの資料作成力**』東洋経済新報社
永田豊志『**頭がよくなる「図解思考」の技術**』KADOKAWA/中経出版
村井瑞枝『**図で考えるとすべてまとまる**』クロスメディア・パブリッシング
榊巻亮『**世界で一番やさしい会議の教科書**』日経BP社
榊巻亮『**世界で一番やさしい会議の教科書実践編**』日経BP社
谷益美『**まとまる!決まる!動き出す!ホワイトボード仕事術**』すばる舎

羽田康祐（はだこうすけ） k_bird

株式会社朝日広告社ストラテジックプランニング部プランニングディレクター。産業能率大学院経営情報学研究科修了（MBA）。日本マーケティング協会マーケティングマスターコース修了。外資系コンサルティングファームなどを経て現職。「外資系コンサルティングファームで培ったロジック」と「広告代理店で培った発想力」のハイブリッド思考を武器に、メーカー・金融・小売り等、幅広い業種のクライアントを支援。マーケティングやブランディング・ビジネス思考をテーマにしたブログ「Mission Driven Brand」を運営。ハンドルネームはk_bird。

著書に『問題解決力を高める「推論」の技術』（フォレスト出版）がある。

「Mission Driven Brand」

https://www.missiondrivenbrand.jp/

無駄な仕事が全部消える

超効率ハック

2020年 10月11日　初版発行

著　者　　羽田康祐　k_bird
発行者　　太田　宏
発行所　　フォレスト出版株式会社
〒162-0824
東京都新宿区揚場町2-18　白宝ビル5F
電話　　03-5229-5750（営業）
　　　　03-5229-5757（編集）
URL　　http://www.forestpub.co.jp
印刷・製本　萩原印刷株式会社

ISBN978-4-86680-098-1　Printed in Japan

無駄な仕事が全部消える

超効率ハック

本書の読者へ
無料プレゼント！

PDF ファイル

hack 58
マネジメントに使える
生産性のスイッチ

無料プレゼントを入手するには
コチラへアクセスしてください

http://frstp.jp/hack

※無料プレゼントのご提供は予告なく終了となる場合がございます。
あらかじめご了承ください。
※ PDF ファイルは WEB ページからダウンロードしていただくものであり、小冊子をお送りするものではありません。